母になるまでに大切にしたい33のこと

吉村医院・お産の家院長　吉村 正
吉村医院院長補佐　島袋伸子

WAVE出版

江戸時代にタイムスリップしたような昔のくらしの風情が漂う「古屋」

吉村医院は、ＪＲ岡崎駅から歩いて5分ほどの住宅街にあります。樹齢70年を超える大きな木々に囲まれた、季節の鳥や虫の声が心地よく響く、まるで神社のようなところです。鉄筋で造られた医院の本館と、伝統工法で建てられた「お産の家」、そして江戸時代中期の古民家を移築・復元した通称「古屋《ふるや》」があります。今と昔が調和した空間は、なんとも不思議な落ち着きがあります。

外科と産科で開業していた吉村先生のお父さまが倒れ、名古屋大学の大学病院にいた吉村先生が28歳で呼び戻されて医院を引き継いだときは、洋館2階建ての本館があっただけでした。その後、今の医院に建て直したのですが、その頃は、最新の医療機器をそろえた現代的な病院でした。

ある日、分娩監視装置という陣痛の経過を観察する装置をつけた産婦さんの様子を、別室のモニターで見ていた先生は、

「これはいかん」

とすぐに産婦さんのところへ走っていきました。なぜなら、産婦さんの顔が恐怖で引きつったような表情をしていたからです。

「陣痛が来るのにひとりで部屋に閉じ込められて、わけのわからない装置をつけられて、そりゃあ怖くて不安になるよね。あんな顔を産婦さんにさせちゃいかん、いいお産なんてできるわけがない、と直感で思ったよ」

それから間もなくして、吉村医院は不必要な医療機器を処分して、和室の分娩室を造り、産婦さんに寄り添いながら自然なお産をする産院へと変わっていきました。

「お産は文化。その人の生きざまがあらわれる」と吉村正先生

天然木で建てられた「お産の家」。深い木のぬくもりに包まれる

それと同時期に吉村先生も、骨董という人の生きる営みが生み出した文化に目覚め、近くの山から江戸時代中期の古民家を医院の裏庭に移築・復元し、さらには伝統工法の日本家屋を建て「お産の家」にするという、周囲が驚くことをやりました。

とくに驚くのは、その古屋の中のものをすべて骨董でそろえ、実際に毎日使っていることです。

「自然なお産を追究してね、お産は文化だとわかりました。その人の生きざまがあらわれる。骨董も同じ。作った人、使った人

の生きざまがあらわれる。そして骨董は使ってこそ、その時代の人間の精神がわかるんです。お産も骨董も、ものすごく深い感性の世界ですよ」

今では吉村医院でお産をするお母さんたちが、大きなおなかを抱えて、古屋の前の庭で薪《まき》割りをしたり、古屋の中の板戸を磨いたり、かまどでご飯を炊いてみんなで食べたりして、自然なお産をするための身体と心を養う場となっています。はじめて目にする方はとても驚かれますが、「お産は文化」という、吉村先生が到達したお産の哲学を体験する、女性にとって大事なことを学ぶ場となっています。

学びといっても、これは心と身体で感じる感性の世界。人間が工業化される前の日々のくらしがここにはあります。冷暖房もなく電気もない。灯りといえば、囲炉裏の火とろうそくの灯りくらいなものです。ここにくるほとんどの人がなつかしさを感じ、中には涙を

七輪で調理すると味わいも格別。梅干しも手づくりです

しゃがむようにして落とす

集中して

流す人もいるほどです。

女性たちが自然と一体となって過ごすことができて、心も身体もリラックスして、なぜか落ち着く。まるで私たちの体内に宿るDNAに記憶された原初のものがよみがえってくるような感覚です。心と身体の深いところが開いて活性化してくるのです。コンクリートの家に住んでいると感じられない世界です。

「古屋の生活を体験する中で、いかに現代の生活が複雑で余計なことばかりか、感じてきます。不便な生活こそが生命力を上げ

古屋で囲炉裏の火を囲んで妊婦仲間たちと一汁一菜のお昼ご飯

ていくのであってね。お産をする女性は、このことをわかってほしいですな。これは実際に体験してみなけりゃ、わからんことです」

吉村医院のお産

吉村医院のお産はほとんどが、医院の和室か「お産の家」で、お布団の上でおこなわれます。蛍光灯はつけず、ほの暗い灯りの中で助産婦さんがそっと寄り添っています。おだやかでやさしい、なんとも厳かな空気に包まれて、その場にいる全員がそっと息をひそめて祈るような気持ちでいます。

助産婦さんたちもお米を育てています。腰を入れて、さあ草取り！

家族の立ち合いも自由です。お父さんはもちろん、赤ちゃんのお兄ちゃん、お姉ちゃんたちが思い思いに過ごしながら、やがていのちが生まれる瞬間を待っている姿、そして無事に生まれたあとは感じるものがあるのでしょう、赤ちゃんを見つめて涙をぬぐっている姿は言葉にしがたい感動があります。

お産は十人十色、一人一人の人間がちがうように、同じお産はひとつとしてありません。出産予定日を何日過ぎても、陣痛が何日続いても、赤ちゃんとお母さんが元気であれば、じっと待ちます。これまで出産予定日を過ぎた最高記録は一カ月ですが、赤ちゃんは元気につるんと生まれてきました。

陣痛を起こす誘発剤や陣痛をすすめる促進剤などのクスリ、赤ちゃんの頭をはさんで引っぱる鉗子《かんし》や吸引器などの医療機器はほとんどまったくといっていいほど使いません。使うのは年に数回、どうしてもというときに、ほんのちょっと手助けに使う程度です。

女性の大切なところ、赤ちゃんが出てくる会陰《えいん》をメスで切ったり、おなかを押したり、無理にいきませたりして、赤ちゃんを早く出そうとすることもほとんどしません。お母さんたちは横を向いたり、立て膝をついたり、旦那さまにつかまったりと、自由な姿勢をとり、いきみたい時にいきみます。

このような自然な経過にまかせるお産なので、母体への負荷は最小限、会陰がひどく切れて縫う人はほとんどいません。縫ってもほんの1、2針です。

赤ちゃんはのんびりした顔をしてつるんと生まれてきます。そして生まれてすぐにお母さんの胸に抱かれます。

このとき、赤ちゃんの鼻や口に機械を入れて洗浄することは必要のないかぎりほとんどしません。自然に生まれた赤ちゃんは、上手に羊水を吐き出して、自分の力で呼吸を始めます。体重や身長をはかることもずっとあとです。赤ちゃんとお母さんがようやく逢えたよろこびを分かち合う以上に、大切なものな

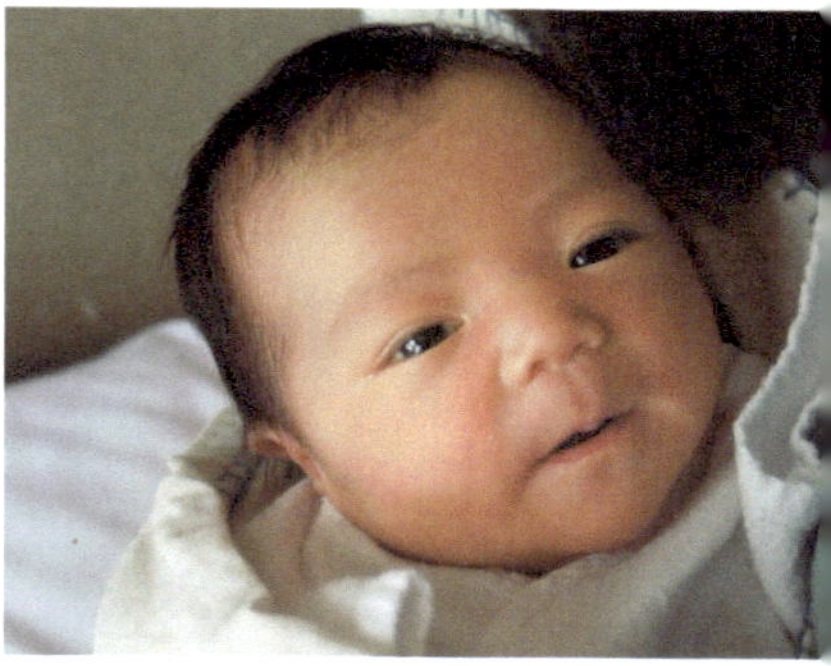

つるんと生まれた生後数日の赤ちゃん。
幸せそうな顔をしています

「本当のお産をするとかわいくてたまらんくなる、ってこのことだったんだ」

古屋の妊婦仲間と生まれた赤ちゃんを見せ合いっこ

んてないのですから。

生まれたばかりの赤ちゃんは産声《うぶごえ》を何度かあげて泣いたあとで、お母さんの胸に抱かれて安心するのでしょう、静かに眠ってしまう子もいます。お母さんも自分で産んだ満足感と母となったよろこびで、本当に美しい顔をして赤ちゃんを抱いています。

へその緒もまだついたままです。個人差はありますが、へその緒は数分～数十分もすると歯磨き粉のチューブのようにぺたっと薄くなります。そうなったら母体から栄養や酸素が赤ちゃんにすべて運ばれた証拠、へその緒

古屋の前で記念撮影。新米お父さんがこわごわ、しっかり抱いてます

はそれから切ります。お父さんが感動で涙をぽろぽろこぼしながらも緊張した面持ちでへその緒を切る姿はほほえましいものです。赤ちゃんをひとりの人間として世に放つ父親としての最初の仕事であり、厳粛な儀式のような光景です。

でもお産は神事《かみごと》、何が起こるかわかりません。お産の途中で赤ちゃんの心音（心臓の音や心拍数）が下がるなどの心配なことが起こり、病院に搬送されることもあります（２０１０年の搬送率は５％。うち帝王切開

2％、経膣分娩3％）。そのようなときは言葉には言い表せない気持ちになります。懸命におなかの子と向き合ってきたお母さんの顔が心に浮かび、どうか無事に生まれてくださいと祈るばかりです。

「自然なお産は危ない」と思われる方も多いでしょう。でも、吉村医院のこれまでの実績は、そうではないことを証明しています。これまでのお産において赤ちゃんが亡くなったことは、年間平均約300件のお産の中で数年に1人（妊娠5カ月前までの自然な流産は10人に1人くらいの割合であります）、しかも出産時の事故ではなく、生物学的な問題があったと思われるケースのみです。そしてお母さんが亡くなったことはありません。

現代の一般的なお産は、帝王切開が約20％といわれています。どうして吉村医院のお産は、ほとんど自然にすすむのでしょう。

その理由は、3つの基本指導にあります。**ごろごろ、ぱくぱく、びくびくしない。**これだけです。とてもシンプルです。でも、この3つに込められた意味はとても深いものなのです。

吉村先生から妊婦さんたちへ。「ごろごろ、ぱくぱく、びくびくしちゃいかんよ」

吉村医院は、お産を生きる営みの一部としてとらえています。それがどれほど大事なことであるかは、古屋に集うお母さん、女性たちが証明してくれています。

この本にご縁をいただいたみなさん、これから母となるみなさんにもぜひ実践していただきたい、大切なことです。

そしてそのあかつきには、女性として、人生で最高に幸せなお産をしていただきたい。

この本にはそのエッセンスがたっぷりと詰まっています。どうぞゆっくりと味わいながら読みすすめてみてください。

自然の中を歩く妊婦ピクニックはいつも笑顔がいっぱい

母になるまでに大切にしたい33のこと

はじめに

医療のくびきから解き放たれ、
大いなる自然に依拠《いきょ》すれば
原初的生命力はよみがえり、
お産は深い悦《よろこ》びに満たされて女性は浄化され

真実の母子が誕生する……

わしがこの本で述べたいことは、この言葉に込めてあります。

どうか何度も読んで、さまざまに感じていただけたら幸いです。

吉村医院・お産の家院長　吉村 正

＊＊＊

みなさん、はじめまして。わたしは吉村医院の院長補佐として、講演会で全国を一緒に回り、医院主催の両親学級（２００８〜２０１４年医院でお産をするお母さんとお父さんの勉強会）などでもお話をさせていただいています。

「気持ちいい……」
「あったかい……」

「ありがとう……」

吉村医院でお産をするお母さんたちの多くが、生まれくる赤ちゃんを胸に抱きしめながら言う言葉です。

お母さんの顔は女性として今、最高の瞬間にいる……そんなよろこびに満ちあふれて輝いています。

生まれたばかりの赤ちゃんはお母さんの胸に抱かれて、おだやかな表情をしています。家族や助産婦、医師たちが見守る中、お母さんと赤ちゃんの絆が深く結ばれていく、何ものにも替えがたい大切な時間がゆっくりと流れていきます。

吉村医院は、愛知県岡崎市にある自然なお産をおこなっている産婦人科医院です。自然なお産とは、クスリや医療機器に頼らずに、女性の産む力、赤ちゃんが生まれようとする力だけで、自然の流れに従ってお産がおこなわれることです。

でもそれは、ほったらかしのお産ではありません。妊娠初期から自然な心と身体をつくり、細心の配慮をしつつ、医療は予防医学を軸とした脇役に徹します。そうやって、産科医や助産婦さんは、お母さんと赤ちゃんが安心して、お産が安全にすすむようにサポートをするのです。

そのような自然なお産を半世紀にわたり、365日、昼夜を問わず、徹底的に追究してきた吉村医院の院長は、御歳80歳の吉村正先生。白いあごひげが立派な、めちゃくちゃにチャーミングな先生で、医師としての人生をお産と女性に捧げ、2万例にも及ぶお産を診てこられた世界一の産科医です。

「これこれ、こんなえらぁ〜い人をチャーミングなんて言っちゃいかん。でも世界一の産科医は本当だから、ゆるす！」

と笑っていらっしゃいますが、本当は、

「いのちを産むのは、女しかやれん。
女がいのちをかけていのちを産むから、
男が恋い焦がれてひれ伏してやまないほど、
女は神聖な存在なんじゃよ」

と、目が覚めるようなことを、率直におっしゃいます。このような言葉を迷いなく言えるのは、生涯をかけて、幸せなお産を追究し、女性の真実の姿を見てこられたからにほかなりません。

「お産なんて深いもんを
科学だけでとらえようとすることが間違っておるんだ」

お産。これほど奥が深い世界はないでしょう。
そしてそれは、女性のありよう、男女の性……もっと大きな見方をすれば、生き方の根本にも通じるものであり、その世界は、女性たちにぜひとも知っていただきたいことでもあります。

吉村医院には、全国から女性たちが集まります。そしてほとんどの方が、「自然なお産をしたい」という思いからお見えになります。

自然なお産を通して、

「女性としての本当のよろこびを知りたい」

という、魂の深いところからの欲求があるのかもしれません。

2010年、吉村医院を題材にした映画『玄牝《げんぴん》』（河瀬直美監督）が公開されました。吉村医院に集う女性たちやそこに関わる人たちが、よろこび、悩み、不安や期待などさまざまな感情に揺れ動きながら生きている――等身大の姿を映したドキュメンタリー映画です。
そして、そこに映し出されたお産をされたどの女性も〝いのちと真剣に向き合った〟からでしょう、母としての強さとしなやかさをたたえています。まぶしいほどの美しさです。

吉村医院の母となる心と身体を整えるための指導は、女性である自分、そして母となる自分に向き合い、自然から与えられた女性の力、本能を最大限に引き出すためのものです。

吉村医院でおこなわれていることは、ほかでも類を見ないものだと思います。初めて知る方は驚くような内容もあるでしょう。

でも、その中に宿る本当に大切なこと、その本質を、ぜひ母となるみなさんと共有したいと思います。

吉村先生が半世紀にわたり、産科医としての人生をかけて培ってきたものと、この時代に生まれ生きてきた一人の女として、母としてお産を中心とした世界観を、吉村先生とともに少しでもわかりやすく書き記せたらと思っています。

これまで吉村医院に関わってくれたすべての女性、そして赤ちゃんに感謝しながら、お話を始めさせていただきたいと思います。

吉村医院院長補佐　島袋伸子

＊本書は吉村医師の方言（三河弁）をいかして執筆しています。
＊２００１年12月の保健婦助産婦看護婦法改正により、助産婦から助産師に呼称が変更されましたが、著者の考えに基づき、本文では助産婦のままとしてあります。

目次

出産のこと

目次

子育てのこと

男女のこと

目次

性欲・不妊のこと

女のこと

1 いのちがけの覚悟を決めよ

わしも今年で80歳になりました。半世紀にわたり、夜昼なくお産にたずさわり、女性の真実の姿を見続けて、今、思うことは、妊娠出産は女性が大いなるものに生かされていることを感じ、女性が自ら宇宙的存在であることに気づくときなのだということです。

長年の無理がたたって昨年から第一線を退いておりますが、わしのところに来て妊娠がわかったお母さんを目の前にしたとき、わしはいつも新鮮な感動をもって、こう告げてきました。

「あなたは真実の女性になるための門出に立ったのだ！　おめでとう！」

妊娠がわかり、にこにことよろこんでいた若いお母さんが、はっとした顔をして無言になりました。ふと見ると、その目に涙があふれていたのです。そこには、もう立派な母の姿がありました。このような女性ならば、きっといいお産をすると確信がもてます。

おなかの中に赤ちゃんがいるだけで、母のたたずまいが感じられて、女性というのは妊娠するとこうも神々しく強くなるのか、と驚くことは数限りなくあります。

妊娠したお母さんには、このようなことも言っておりました。

「お産はいのちがけです。だからこそ、そこに真実がある！ごろごろ、ぱくぱく、びくびくしないでいれば、いいお産ができます。がんばんなさい！」

お産はいのちがけ——このことは、いいお産をしたい人だけでなく、すべての女性にわかっていただきたい。

いのちは生命力そのもので生まれてくるのであって、本来、医学の助力なんかで生まれてくるものではないんです。人類始まって以来、何万年もずっと、女性がいのちがけでいのちを継いできた、その事実に気づいてほしいですな。

妊娠がわかったお母さんは、身に宿るいのちと真剣に向き合いながら、いいお産をするための心と身体の準備をしていくことが、何よりも大切です。

その基本3原則といえるものが《**ごろごろ、ぱくぱく、びくびくしない**》です。われながらいいゴロ合わせを思いついたものだと自分を褒めてやりたいくらいですが、それはそれは深〜い意味を含んでいます。次はそのお話をいたしましょうか。

2 ごろごろしない

緑に囲まれた吉村医院の裏庭には、江戸時代中期に造られた茅葺《かやぶ》き屋根の古民家、通称「古屋《ふるや》」があります。わしの骨董好きが高じて、衝動的にもらい受けて移築・復元したのですが、日本の伝統的なくらしを感じられる、なんともいえない深い美が感じられます。

その古屋の前の庭で、おなかの大きな妊婦さんたちが、薪《まき》割りをしたり、のこぎりをひいたり、古屋の中の板戸をぬか袋で磨いたり、井戸の水くみをしたりといった古典労働をして、黙々と身体を動かしています。

楽で便利で安全な現代生活にどっぷりつかった女性たちに、不便な生活を体験し、楽しんでもらう場として古屋があるわけです。

わしは妊娠したお母さんたちに、

《ごろごろ、ぱくぱく、びくびくしない》

という指導をします。

このたった3つのことに、じつはお産に必要なすべてが含まれております。

そして、古屋でのこれらの古典労働にその本質があるんですな。

《ごろごろ》は、妊娠したからといって、ごろごろ寝て安静にしてばかりいてはいかん。妊娠初期から毎日しっかり身体を動かすことです。

現代に生きる女性にとって、家事は肉体労働ではなくなりました。ボタンひとつで洗濯ができ、湯も沸き、ご飯も炊けます。トイレも洋式になり、しゃがむことがほとんどなくなりました。ベッドの生活になれば、布団の上げ下ろしもしません。生活の中で身体を使う機会がどんどん奪われてしまっておるのです。

人が身体を使って生きていた時代、お産はつるつるでした。

現代は身体を動かさないのが幸せである、という思想が心の根底にへばりついておる。それがまちがいなんです。

ですから、家事労働はなるべく機械に頼らずに、掃除は雑巾がけや窓ふきなどを毎日しっかりやることです。ジムなど行かずとも、日常生活の中で自然に鍛えられることが理想です。

腰を落として、股関節を開いて、スクワットをやるような感じで、下半身を鍛えるようにやるといいでしょう。

「安定期前にそんなに身体を動かして赤ちゃんはだいじょうぶなんですか？」

とたずねる人がいますが、だいじょうぶです。

わしの50年の経験からいえることです。

うちの妊婦さんには、妊娠がわかった当日から、ばんばん身体を動かしてもらっています。

じつは妊娠中の不安定期・安定期なんてものはありません。

ちょっと身体を動かしたくらいでだめになるいのちは、もともと異常があるからそうなるのであって、健康な赤ちゃんがお母さんが動いたからといって出てしまう、そのようなことはありません（医学的異常がある場合は別ですから、医師の診察を受けることは大事です）。

昔の女性は妊娠しても毎日、畑や田んぼで働いて、出産直前までばんばん働いておりました。そしてつるんといいお産をしていました。そして赤ちゃんもめちゃくちゃ元気でした。

身体を動かすことによって身体の生命力が高まって、子宮の生命力も高まります。お母さんと赤ちゃんの元気度はつながっておるんです。

わしはそれに気づいてから、何十年もかけて実際に経験してきたので、事実を見て、はっきりそうだといえるんです。特殊で極端に激しいスポーツならわかりませんけれども。

日常生活に必要なこと、身体を使った掃除や洗濯などの家事労働は、まったく問題ありません。ばんばんやってください。家はきれいになるし、お母さんも赤ちゃんも元気になるし、一石二鳥にも三鳥にもなるでね。

今の人は楽で便利な生活のおかげで身体が弱って、生物学的にも機能が衰えています。だから、お産のエネルギーに耐えきれず、医療の力を借りないとお産ができない身体になっているのではないでしょうか。

現代の一般的なお産は、帝王切開率が約20パーセントといわれています。吉村医院では、2010年は2パーセントでした。

その差はどこにあるのか?

妊娠したお母さんたちには、身体を使った家事労働以外に、

一日2~3時間の散歩

一日300回のスクワット

が徐々にできるように指導しています。

今の人が自然なお産をするためには、それくらい身体を動かさなくてはならない

ということです。

これだけのことをやるには、できれば仕事を辞めて、妊娠生活に集中してほしいということになりますが、どうしても仕事を辞めることができない人は、日常生活で工夫をしながらやれるだけのことをやるしかありません。少しずつでも、運動量を増やしていってください。

とにかく、できるだけ歩くこと。

トイレに行くたびにスクワットをしたり、洗濯物を干すときもスクワットをしたり、洗濯物をたたむときはしゃがんでたたむなどして、足腰を鍛える動きをしてください。

天候不良などで散歩ができない日は、家でいつもよりていねいに雑巾がけをしたり、窓ふきをするなど工夫しましょう。

うちの妊婦さんたちも、最初は〝ひー〟なんて顔をして嫌々やっていますよ。

でも、そうやって身体を動かしていると、だんだん実際に気持ちがよくなってくるでね。

「身体にいいからやる」という意識的な運動ではなく、

「気持ちがいいからやる」

という感性的なよろこびに変わっていけばしめたものです。

お母さんや赤ちゃんに非常にいい影響を及ぼすと思います。

これは実際にやってみないとわからんでしょう。

事実、毎日身体を動かしているお母さんが健診に来ると、顔つきがだんだん変わってくるのがわかります。生き生きして、ものすごく女くさくなってくる。妊娠しているということだけじゃない、本来の女性らしさがあふれてくるんです。

身体の中にもともとある偉大なる宇宙の生命力が上がり、いのちを守り育てる母としての自覚や自信が自然に出てくるのだろう、とわしは考えています。

「**体力がついて日ごとに元気になっていく自分を感じられてうれしい**」と多くのお母さんたちが教えてくれます。

3 ぱくぱくしない

次に《**ぱくぱく**》は、西洋のカタカナの名前がついた食べ物を食べないで、江戸時代のような和食の粗食をすることを意味しています。

「**昔のものを少し**」

ということです。日本人が昔から食べていたもの、つまり自然な農業によって自然に作られたものを少しだけ食べるといいのです。意識的に成長させた動物の肉や乳はだめです。地球の裏側から持ってきたものもよくないです。

ちなみに吉村医院で出す食事は、ご飯（たまに玄米や雑穀を交ぜたもの）、みそ汁、

焼き魚、ひじきなどの海藻、季節の野菜の煮物、漬物といった昔ながらの献立です。旬の野菜や魚で、ていねいに作られています。

古屋では、日曜・祝日をのぞいて、古典労働をするお母さんたちを対象に、一汁一菜の日本の伝統食のお昼ご飯が食べられます。大きな鉄釜と薪《まき》で炊いたご飯、みそ汁、季節の野菜の煮物、漬物といったメニューです。古屋で毎日、ご飯を作ってくれる女性が、集まるお母さんたちに気を配りながらてきぱきと働く姿は、まさに日本の母です。

妊娠前に太りすぎていない一般的な体形だった妊婦さんの体重増加は、臨月で8キロくらいまでです。それより体重の多かった肥満気味の女性は、妊娠しても、妊娠前より太らないように注意が必要です。

吉村に通っていた妊婦さんで、妊娠中に18キロもやせた方がおられます。食べ物を変え、よく動き、自然にやせられていいお産をしました。

妊婦さんの身体は油断をするとすぐに太ってしまいますから、しっかり運動をして、食事に気をつけてほしいものです。

4 びくびくしない

最後の**《びくびく》**しないは、お産の本やあらゆる情報に振り回されないで、女性に本来備わった産む力を信じて、のんびりした心で過ごすことを意味しています。どんなに心配をしても、赤ちゃんは日々成長していきます。そこに医科学が手を出すことはできません。

それを、「△△になったら危ない」だの、「××になったら危険」だのと、低ぅ〜い確率のことを言って、お母さんたちに余計な心配をさせることは、本当に無意味です。わしは正直、そのような産科医がほとんどだということに怒りを覚えているくらいです。医者は生活や文化の異常を生物学的異常にしたがる。そして、お母さんたちをびくびくさせているんです。

お母さんたちがそんなことを言われて、毎日びくびく過ごしていたら、母体はもちろん、赤ちゃんにもよくないことは明らかです。

そんなことよりも、

〝天にまかせてなるようになる〟

と、そういう大らかな気持ちで過ごしたほうがよっぽどいい。妊娠、お産はよろこびです。そのよろこびの中で毎日を過ごすだもんで、楽しまにゃ。

うちに来る妊婦さんたちは最初は不安そうな顔をしてますけど、古屋《ふるや》に通って仲間ができると変わっていきます。みんなキャーキャー大騒ぎしてますわ。そうやって過ごすことで不安が消えて、妊娠もお産も楽しみが大きくなっていくんでしょうな。

そして無事にお産をしたら、生まれた赤ちゃんを見せに来て、お産のときの様子を話して、またキャーキャーやっとるわけです。女ってもんは、騒ぐのが好きで、その中で女同士の話をして、心も鍛えられていくんでしょう。

健診のたびに吉村医院に来て、ふだんは家で家事労働やスクワットや散歩をして身体を鍛えているある妊婦さんは、

「妊娠前までは洋食が大好きで便秘がちでしたが、妊娠して和食に変えて、毎日運動をするようになってからは、身体が軽くなって、妊娠前よりも体調がよくなっているように感じています。自分が元気になると、赤ちゃんも元気になっていくような気がします。それに、身体を動かすと、すかっとして気持ちがいいんです。

たくさんの妊婦さんたちがそうやって妊娠期間を過ごして、いいお産をしているお話を聞かせていただいて、わたしも自信をもって妊娠生活を送ることができています。無事にお産の日を迎えるまで不安がないわけじゃないけれど、やれることを

やって、あとはおまかせの心境でいようと思っています」

と話してくれました。毎日精いっぱいやれることをやっていれば、あとは自然にまかせるという〝**腹をくくる**〟ことができるようになるのだと思います。

女性の本質はお産にあります。ところが今の女性は、心も身体も医療にゆだねないとお産ができないようになっているように、わしには思えます。

女性がもつ〝子を産む〟という身体の機能が、楽で便利で安全な現代の生活によって退化して、心まで自分の身体を信じられなくなっている傾向にあるのではないでしょうか。

今の女性は、生き方そのものがもっと、本当の意味での女にならなくちゃいかんと思います。

《**ごろごろ、ぱくぱく、びくびくしない**》は、その最初の一歩のところです。

デスクワークで身体を動かさず、コンピューターの前で目や頭を使って理性的な生活ばかりしていると、女をある意味で男にしてしまいます。女性としての大事な本能がやられてしまうと感じています。妊娠しにくい女性が多くなっているのは、そこにも原因があるはずです。

妊娠したら、毎日、畑や田んぼで働いていた昔の女性を見習って、ばんばんに身体を動かしてほしいと思います。

吉村医院でお産をしようとするお母さんたちは、**《ごろごろ、ぱくぱく、びくびくしない》**を日々実践して、自然なお産へ向けて準備をしています。

そうやって、母としていのちを宿し、産む性としてのあり方を深めながら、日本の女性の精神性を自然と身につけていく。これらの3要素にはその本質が隠されています。

5 いのちを抱く

「女性は魂を抱《いだ》く性である」と両親学級でお話をさせていただいています（2008～2014年）。

〝魂を抱く〟とは、性の根元の姿です。

女性は、いのちを抱いて生まれてきています。体内に卵子を抱いて生まれてきていることは、まさにそのことを象徴しています。妊娠すると、そのいのちをさらに深く抱きながら育てていくのです。

そして、妊娠の前に女性は素晴らしい体験をしています。女性だけではなく、男性も体験していることです。

それが、**恋愛です**。体験したことはありませんか？　愛する人を想うとき、あるいはその人の手に触れたとき、心が高鳴りよろこぶあの感覚。それが起きるのは、自分のいのちが愛する人のいのちにつながり、互いに包み合うからだと思うのです。

愛する人の身体を抱きながら、本当はその身体を包む魂という目に見えないものも抱きます。だからこそ、魂の触れ合いのあるまぐあいは尊いのであって、どちらがどちらを抱いているのかわからないほどの一体感に導かれていきます。いのちは、その聖なるエネルギーの交歓の中で授かるもの。そしてそのいのちを女は胎内に深く深く抱いて育てていくのです。生殖の中に一貫して流れるものが〝一体感〟です。

「自然のお産、宇宙のお産をやっていれば、女性は産まずにはいられない」

吉村先生の言葉です。

自然のお産、宇宙のお産は、まさに胎内の子の魂との一体感を深めていくもの。

女性がその本質において、女性としての心を高め、また深めていく機会が、恋愛、結婚、妊娠、出産、そして子育てを通して与えられています。

そして、受胎・妊娠したそのときから、母というものはつねに全身で子とつながっていて、食べる物はもちろん、着る物、触れる物、そして心に思うこと、発する言葉……すべてがおなかにいる赤ちゃんに伝わって、よろこんだり悲しんだり、ともに体験している、と言ったら、驚かれるでしょうか。

そして、吉村先生が母となる女性たちに、

「**いのちのためにいのちをかけよ！**」

とおっしゃいます。それは、究極の胎教です。

その覚悟で妊娠期を過ごし、出産を迎えることがとても大きな意味をもちます。

お産はいのちがけです。
すべてのお産はいのちがけです。
どの女性もいのちをかけて子を産んできたのです。

それは、赤ちゃんにとっては、人生のはじまりに「自分のためにいのちをかけてくれた人（母）がいる」ということです。「**自分は母がいのちをかけるほどの尊い存在である**」という完璧な自己肯定となり、最高の胎教が妊娠中、そして出産を通してなされていきます。それが生きていくうえでとても大事な礎《いしずえ》になり、生きる力となっていくのです。

ですから、子育ては、妊娠中の胎教から始まっています。
妊娠期間は、赤ちゃんの肉体を育てながら、その子の心、魂を感じつつ、母となる私たち女性の意識を高めるときでもあるのです。

6 生命力を上げる

妊娠中期頃の妊婦さんからこんな質問がよくあります。

「おなかが張って苦しいのですが、動いても大丈夫でしょうか？」

そのお母さんが健康で、赤ちゃんの経過になんの問題もないなら、わしの答えはこうです。

「おなかの張りは、基本的に安産傾向にあるということです。
気にせずにばんばん動いて、赤ちゃんがおなかの中で強く成長するように、
お母さんも生命力を上げなさい。

おなかが張っているからといって安静にしてはなりませんぞ」

きっとほかの一般的な病院なら、「おなかが張ったら安静にしましょう」と言って、ウテメリンなどの子宮の収縮を防ぐクスリを投与されることもあります。安静にすることによって、中には出産予定日を過ぎても陣痛が来なくて、陣痛促進剤を打たれて苦しいお産になったり、帝王切開になったりするケースもあります。これでは本末転倒です。

ただひとつの例外があります。ごくまれにですが、子宮《しきゅう》頸管《けいかん》無《む》力症《りょくしょう》という生まれつきの体質で、子宮口をきっちりと締めておく筋肉の力が足りず、胎児が大きくなってくると子宮口が自然に開いて、胎児が出てしまう人がいます。そのような方の場合は別ですが、それ以外では、動いたからといって早産になってしまうようなことはほとんどありません。

あるお母さんは、１人目のお産でおなかが張り、切迫早産の傾向にあると判断されて、安静にするように言われ、子宮の収縮を抑える張り止めのクスリを処方されました。

もともといのちに対するあり方、考え方が自然だった方ですが、赤ちゃんや自分の生命力を信じていたのでしょう。赤ちゃんの生命力を信じて、黙々とスクワットを続けたそうです。結果、医師からも「いい状態ですね」と言われ、早産はせずにとてもいいお産をすることができたということです。

わしはこの話を聞いて、母というものの強さに感動しました。いのちの力を感じ、信じたこのお母さんから、自然にゆだねることの覚悟と本当の意味での潔さを感じました。

これは、お産の、いのちの、究極の哲学につながります。

やれるだけのことをやりながら、あとは自然の流れにまかせる。

毎日しっかりと動いて、いいお産へ向けて準備をしてください。

7 受けて渡す

「女の人はね、子を産むために生まれてきたんだよ」

吉村先生は、迷いなくはっきりこうおっしゃいます。

現代は女性自ら生き方を選べる時代になりました。少子化が騒がれる世相の中、女性の身体と人生の現実に深く関わる生殖について、この言葉を女性に向けてはっきり言える人がいるだろうかと、はじめてこの言葉を耳にしたときに、どきっとしました。

もちろん、吉村先生は、女性を〝子産みの道具〟としてとらえておっしゃっているのではありません。女性が聖なる存在であると心底感じてこられたからこそ、産科医としての真実の言葉として伝えてくれたのです。

私たち女性は、子を産む前から、生まれながらにしてもう母である、と言っても過言ではありません。女の子として誕生したとき、身体の中に、すでに卵子のもとなる原子卵胞を携えて生まれてきていることはお話ししました。

人類が誕生してからずっと、母から娘へと連綿と受け継がれてきた卵子を、わたしたちは抱いているのです。まさに、子を産むために、いのちを継ぐために、わたしたちは生まれてきた。あらためて女性であることを自覚させられる事実です。

そのいのちは、どのように守られ、受け継がれてきたのでしょうか。

いつの時代も、平和であったわけではありません。便利であったわけでもないのです。そんな中、子を育ててきた女の日々を思い浮かべてみてください。

おむつひとつとっても、そのありようは今とはちがっていたでしょう。お湯もすぐに沸かないし、洗濯機もない。冬になれば川の冷たい水で洗って、絞るときには手がかじかんで力なんか出なかったでしょうに……。それでも、おむつが汚れて子が泣けば、何度でも取り替えたのです。医者がそばにいないときに、子が熱を出せばどんな気持ちで子を抱いていたのでしょうか。そういった母の存在が、それを支える父の存在が、人類を支えてきたのです。厳しい時代の中で子育てをしてきた一人一人の親たちに心をじっと向けてみたいものです。ひとりでもいなかったら、今の自分は存在しなかったのです。

妊娠している女性は、その連綿と続いてきた最高の恵みを、成長するいのちという姿で宿しているのです。尊いいのちの営みに感謝しかありません。いのちを受けて渡していく。この繰り返しの中にあるいのちがけの育みと、いのちの深さを感じる時なのだと思います。

これから妊娠を望む方も、時をさかのぼってその向こうに生きた人たちへの感謝を深めてください。大切な何かが変わってくるかもしれません。

8 お産は日の出と同じ

一般的な病院では、「出産予定日を〇日過ぎたら（医師によって日数はまちまちです）陣痛誘発剤を使いましょう」とか「帝王切開をしましょう」と言われます。

うちでは、そのようなことはいっさい言いません。

なぜなら、予定日はあくまで予定日であって、赤ちゃんが生まれるのに最高のタイミングは、人間が決めることではなく、自然が決めることだと考えているからです。

むしろ、予定日なんていうものに振り回されて、「まだ生まれない」とか「予定日より早すぎるのでは？」なんてびくびくしているほうが、よほどストレスです。いいお産の妨げになるだけです。

臨月を迎えたら、いつ生まれてもいいという気持ちでのんびりしているほうがいいのです。

36週の終わりから以降であれば、いつ生まれてもだいじょうぶです。

それより前の医学的な早産を予防するうえでは、9カ月（36週）までは週数を正確に知っておく必要はあるでしょうが、臨月を迎えたら

「いつ生まれてもいい」

という気持ちでいることが、とても大事になります。

うちでは、陣痛・お産を待っている間、胎盤機能がだいじょうぶかどうかと胎児の状態をチェックします。ここで異常がなければ、ひたすら待ちます。これまで最長で1カ月待ったことがあります。

それでも赤ちゃんはのんびりした顔をして、つるんと生まれてきました。お母さ

んも赤ちゃんもとても元気で、赤ちゃんの元気度を表すアプガールスコアは高得点、なんの問題もありませんでした。

予定日を過ぎたからといって、お産が大変になるということも、ほとんどありません。

赤ちゃんの頭の骨が硬くなる、とか赤ちゃんが成長しすぎて頭が骨盤より大きくなって産道を通ることができない、とか現在の産科学ではいわれておりますが、赤ちゃんは頭の骨のすき間や形を調整して、ちゃんと産道に合わせて生まれてくるものです。

それには何日もかかることがあります。赤ちゃんの心音が下がることがなければ、赤ちゃんは元気だという証拠です。

そのままじっと待っていると、おなかの中で赤ちゃんが自分でごにょごにょと調整して、ちゃんと産道を下りてきます。これはわしの経験からいえることですから、本当です。

ひょっとしたら何千人かに1人くらいの割合で、予定日を過ぎたことによる医療の介入が必要なお産があるかもわかりませんが、わしが今まで経験した約2万例のお産では、そのようなお産はありませんでした。

お産は日の出と同じです。
自然に出てくるのを待っておればいいのです。

早く赤ちゃんに出てきてほしい、早くお産が済んでほしいと、お産に手を出すことは、日の出の太陽に早く出てほしいと、太陽を手でつまんでぴゅーっと引っぱり上げようとするくらいにばかげていることです。

ごろごろ、ぱくぱく、びくびくしない生活を送って臨月を迎えたら、安心して〝その時〟を待って、赤ちゃんと一緒に幸せなお産をしてください。

9 赤ちゃんが決める

吉村先生は、

「赤ちゃんが生まれるのに最高のタイミングは、人間が決めることではなく、自然が決めることだ」

とおっしゃっています。

陣痛を起こすホルモンを最初に出すのが赤ちゃんで、それをお母さんの身体が受けて陣痛を起こすといわれています。生まれる時を赤ちゃんが決めるのです。

いつ生まれるか。

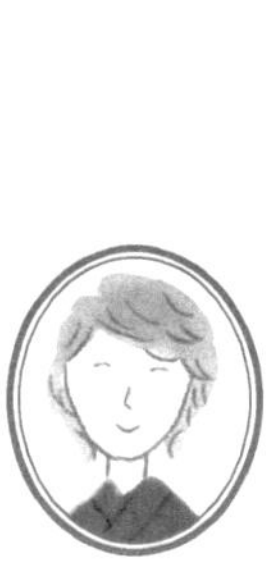

この時を決めるのは、とても大切なこと。広大な宇宙の中で、地球という惑星に生きる父と母なる人のもとへ生まれてくる。まさに**聖なる決断**だと思うのです。生まれ誰が決めるのでもない、自分の人生の始まりを自分が決めるという尊さ。生まれ方は生き方に通じている。

その自主性の尊重は、その後の人生に大きな影響があるように感じます。

ところが、現代は計画分娩が少なくないといわれています。

生まれる日を病院の都合や、予定日が過ぎたからと言ってマニュアルに従って、赤ちゃんの思いとは違ったところで決めてしまうことがあります。

お産を支える人たちが、自然に陣痛が始まるのを待ち、その子の決断を邪魔しないことはとても大切だと思うのです。自然の計らいを尊ぶとともに、そこに大きな意味があると感じています。

10

本能で産む

テレビドラマなどで出産のシーンがあると、「ひっひっふーー」なんて呼吸法をやっておりますよね。そういう○○呼吸法とか△△呼吸法とかいうものが、いまだにお産の現場においてまかり通っておるようですが、そのようなものはいっさい不要である、とわしは思っております。

そのような呼吸法があることで、お母さんがお産に集中できなくなり、頭で考えてお産をするようになってしまうように思います。そのような意識的な状態では、女性が本来もつお産の本能、無意識に発揮される本能をつかさどる脳の機能がうまく働かなくなってしまうのではないでしょうか。

女性は、本能でお産の仕方を知っています。いいお産をするために一番いい姿勢、一番いい呼吸など、一番いいものは何かをそのとき、そのときに自然にすることができる。ですから、

いきみたいときにいきむのが、一番いい

というわけです。

本能でお産をすると、人によっては、出産の前後2時間くらいの記憶がなくなることがあります。理性がなくなり、不安も感じない状態で、動物のようになったり、顔つきが変わったりするもんで、原始人のお産はこのようだったのかなぁと思います。

野生動物も陣痛が始まると群れから離れて、安心できる場所でお産をします。安心できる場所へ行くと自然に陣痛が強くなって、赤ちゃんがつるんと出るように

なっている。人間と同じです。いいお産をするためには、安心してリラックスすることが大事です。

かつてはわしも、子宮口が全開になり、赤ちゃんの頭（逆子の場合はお尻や足）が見えてから、早く赤ちゃんを出してお母さんを楽にしてあげようと無理にいきませたりしたこともありましたが、そうすると産道が切れて、出血が多くなることに気づきました。

それからは、無理にいきませることをしないで、いきみたいときにいきむお産にしました。すると、お産がつるりとうまくいき、産道が切れにくいこともわかったのです。

現代の産科学は、この〝**待つ**〟というがまんができないようです。医療で介入してしまったほうが、早く楽に安全にお産ができる、それが母子にとって一番いいことだと勘ちがいをしております。

早くて楽で安全なお産が母子にとって一番いいお産ではありません。これははっきりと申しあげておきましょう。

母子にとって一番いい、もっとも幸せなお産とは、自然が、お産が、そうあるように定めたプロセスを経てこそ発露し、体験できるものです。いのちがけでお産に臨んでこそ、本能のよろこびがあるのです。それは、うちでお産をしたお母さん、赤ちゃんの幸せそうな顔を見ればわかります。

はじめから「楽だ」「安全だ」などと言われて医療の介入を望むようなお産を選ばないことを、わしはすべてのお母さんたちに望みます。

いのちをかけたお産を望んだ結果として、医療の介入が必要になったのなら、それは仕方がありません。それはその母子にとっての〝自然なお産〟ですから、それは深い幸せを感ずることができるでしょう。

自然が定めた母子の誕生のプロセスを経験し、その本能のよろこびをどうか味わっていただきたいと思います。

11

身体《からだ》は知っている

わたしたちの身体には約60兆個の細胞があるといわれていますが、頭の先から足の爪の先まで、その小さな一つ一つに〝**女のしるし**〟がついています。

それは知性をもっていて、妊娠をしたら、その瞬間から全身の60兆個の細胞が、その宿ったいのちを刻々と育てるという方向へ一斉にシフトして、どうすればお母さんと赤ちゃんにとって一番いい状態になるのか、それぞれの個性に合わせて調えていくというどんなスーパーコンピュータの働きよりも、もっとずっとすごいことが起きているのです。

妊娠とともにつわりを感じた女性も多いことでしょう。つわりは、とてもつらいものですが、それはまさにいのちを育む身体の変化であり、いのちの実感です。今まで社会や外の世界に合わせていたリズムをいのちのリズムに合わせるよう身体が導いているのかもしれません。

女の身体に宿っている本能・知性は、お産のときにも完璧に発揮されます。〝**その時**〟を迎えたら、どうしたら赤ちゃんを産み出せるか知っていて、身体が自ずと働きだし、最高の仕事をするようになっているのです。

妊娠・出産を病気のようにとらえ、お産を日常のいのちの営みであるという自然な感覚をもちにくい現代を生きるわたしたちは、簡単に医療にその身をゆだねてしまう傾向があるように思えます。わたし自身がそうでした。

現代社会で意識的に生きてきた結果、身体に宿る本能を低くとらえ、「自然は危ないものだ」と思い込まされ、さらに学校の性教育などで「お産は痛くてつらくて怖いものだ」と刷り込まれたりする中で、いつの間にか、恐れと不安に支配され、その無力感の中で、お産という女性の究極のよろこびを簡単に明け渡してしまってきたような気がします。女であることの誇りや自信を剥ぎとられ〝産む〟という女性の本質に根ざした本能と自分の身体すらも、信じられなくなっているのでしょう。

自分は子を産むための大いなる力を与えられた性であること、そして目に見えないたったひとつの細胞をとっても、女性として必要な本能・知性を完璧に宿しているという内なる自然を、どうか思い出してください。

そのためにも、少しでも自然の中に身をおき、感じてほしいのです。日の出や夕日を眺めたり、自然の中を散歩したりして、身体を気持ちよく使っているうちに、我々が大いなる自然に生かされていることを実感するようになるから不思議です。妊娠すると感性がより豊かになってくるので、いのちあるものと同調しやすくなるのです。

あるとき、古屋《ふるや》で板戸磨きをしていた女性がいました。ときどき、「あ痛たた

……」と言っては四つんばいになって、陣痛を逃していたのです。そばではご主人がニコニコしています。陣痛が去ると、

「あっ、終わっちゃった！　自然の陣痛って終わるとまったく痛くないんですね！　うふふ」

と、楽しそうにお産を迎えている姿に、こちらまでうれしくなってしまいました。

そのあと、陣痛の間隔が短くなってきたので分娩室に行かれました。

「がんばってきまーす！」

3人目のお産でしたが、吉村医院でははじめてのお産。1人目、2人目は陣痛促進剤を使った計画分娩（あらかじめ予定日を決められた分娩）だったそうで、同じ陣痛でも痛みがまったくちがったそうです。

やがて分娩室に入ったあと、ご主人が上のお子さんを学校に迎えに行っている間に、つるつると赤ちゃんを産んでしまわれました。

あとから聞いたお話では、陣痛の最高潮のときに助産婦さんに

「声を出していいよ」

と促されて自分の中の何かがはずれたのか、大きな声が自然に出てきたそうです。

「怖いよー、痛いよー、痛いーー」

ありのままの自分を受けとめ、声を出すことによって、怖がっている自分、不安に思っている自分を否定せず、解放していけたのでしょう。

そして、声が出たのと同時につるつると赤ちゃんも出てきたそうです。

「1人目、2人目のときのように、ああしなさい、こうしてはダメ、と自分を支配されたり否定されたりしない、あるがままのお産がこんなにも気持ちのいいものだとは……野生の力で産んで女として自信がついたというか、女性としての大事な何かがきれいに浄化されたように感じています。このような自由なお産をさせてくれて感謝しています」

と話してくださいました。

本来、女性の身体は気持ちよく産むことを知っていて、この女性は助産婦さんに寄り添われてその力を出しきられたわけです。

お産は女性の心と身体がひらいていく時ですから、とても敏感で傷つきやすい時でもあります。その精妙なプロセスの中で女性の〝**自分の性を大切に扱われた体験**〟は、魂の奥深い部分をいやし、そして満たしていきます。

時には、子どもに還《かえ》り、幼いときの満たされなかった思いや、淋しさや、悲しさや、恐れや、怒りまでも吹き出してくることもあるでしょう。それを受けとめ、女性を守り、寄り添う助産婦さんの存在ほど有難く、心強いものはないでしょう。

あるとき、15年間、病院で助産婦として勤務してきた方が吉村医院に研修に来られたことがありました。

「今まで病院で働いていたときは、お産の現場に入るときに躊躇したことは一度もありませんでした。でも今回、お産です、と呼ばれて行ったときに、いつものように分娩室に入ることができなかった。その場にただよう雰囲気が神聖すぎて……。自分は今まで何をしてきたんだろう……。産婦さんに上からものを言ったり、指導したりしてきました。『お産は、お母さんと赤ちゃんが主であって、我々はそれに仕えていくもの』吉村医院のお産を見て、吉村先生がおっしゃる言葉の意味をここで実感しました」

と涙ながらに話してくれました。その方が、本来持っていた感性を取り戻されたのだと思います。

また、ある助産婦さんは「生まれくる赤ちゃんを自分の手に受け、その子の母の胸にのせるとき、自らを聖なる巫女のように感じた」と教えてくれたことがあります。

「助産婦は巫女であれ」という吉村先生の言葉は、聖なる世界を守る者たちへの自覚を促しているのだと思います。お産は、医療を超えて母となる女性にとっての深い深い浄化がなされる神聖なる時です。そして同時に、助産婦さんも真実のお産によって目覚め、浄化されていくという、お産には、何かを変える力が秘められているように感じました。

女が女の性の奥にあるものをあるがままに発揮し、それを受けとめていく、お産という世界の深さには考えさせられることばかりです。

12

声を聞く

陣痛には、とても大事な意味があると感じています。

陣痛は身体の中心に向かって通るエネルギーです。

あのエネルギーはなんだったんだろうと思いをめぐらせて感じてみました。お母さんにとってみれば、それは、赤ちゃんへの意識の集中。陣痛のエネルギーに導かれて、ある種の瞑想状態の中で赤ちゃんにどんどん引き寄せられていきます。家事で忙しくても、上の子が気になっても、陣痛はお母さんの赤ちゃんへの意識の集中を促していきます。**赤ちゃんとの１００パーセントの向きあいに導かれていきます。**

では、赤ちゃんにとっての陣痛はなんでしょう？　赤ちゃんの気持ちになって想像したときに、陣痛はお母さんを求める想い、叫びなのではないかとふと感じました。赤ちゃんは、未知の世界へ、勇気を出して生まれてこようとしている。そして、自分の陣痛のことを振り返ってみたら、「お母さ～ん……お母さ～ん……」という声が聞こえてくる気がしました。赤ちゃんは生まれてくるときに、お母さんを求めて生まれてくるのだと思いました。はじまりは、それは優しく。でも確かな決意を秘めています。

最高潮のときのあの大きなエネルギーを思い出すと、赤ちゃんのお母さんへの想いがいかに大きなものか、感じることができます。

お母さんはその圧倒されてしまうほどの強い想いを受けとめて、受けとめて、自分の身体を信じてそれにゆだねていきます。そして更に大きく受け尽くしていったときに、赤ちゃんは生まれてきます。そこには、いのちがけの想いをいのちをかけて受け尽くした深い満足感と全てを開け放った母の喜びが全身にあふれてきます。

そして、赤ちゃんは、自分の想いを出して、出して、出し尽くして、そのすべてを母に受けとめてもらった満足感とともに、この世へのゆるぎない信頼感を携えて人生を始めることができるのです。自然に生まれることの深い意味に思いをめぐらせるとき、吉村先生が自然なお産にいのちをかけてこられた意味のひとつがおのずとわかってきました。

想いを出し尽くし、そして受け尽くす。

母と子の共同創造の中でお産がなされるのです。母子の絆の原点ともいえるものです。そのやりとりが密であればある程、その向き合いからもたらされる喜びは深いものになります。

ですから、陣痛というものは、本来は**幸せな痛み**といえるものであると思います。それは、身体を切ったり骨を折ったりというケガの痛みとは、種類のちがうもの。その上陣痛のときに、身体に感じるいわゆる〝痛み〟というものを軽減するホルモンが出ます。できることなら陣痛の中にある気持ちよさを探してみて下さい。

吉村医院を題材にした映画『玄牝《げんぴん》』でもお産をしたお母さんが、

「陣痛は子が母を求める声だと話を聞いていたので、そうなのかなぁと思ってじっと味わっていたんですが、本当にそのとおりだと思いました。陣痛は痛かったけど気持ちがよかった。実際に映画でも『気持ちいい……』って言っているのは、自分でも無意識だったので驚きました」

と話してくれました。

吉村先生は、

「**陣痛の痛みが人を高めていく**」

とおっしゃっています。女性の精神性を深めていくものが自然の陣痛にはあるのです。

13

赤ちゃんとひとつになる

臨月になると、おなかの赤ちゃんの存在感も増してきて、その子の意識をより深く感じられるようになってきます。赤ちゃんの「産まれ出る」心の準備。そして、お母さんの「産む」心の準備。双方が整えられて赤ちゃんとお母さんの覚悟が徐々に徐々に定まってくる時期です。そして、女性の身体もその時を迎えるように変化していき、胎児の醸し出すなんとも言えない静寂がお母さんの身体を包みます。

女性にとって産道、膣とはどういう場所だろう、と考えたことがあります。

なぜ、赤ちゃんは産道を通って生まれてくるようにつくられているのだろう？

帝王切開でお産をしたお母さんは、頭ではわかっていても、何かを素通りしてしまったような、心のどこかに満たされない思いをもつのはどうしてだろう？

そんな思いを深めるうちに、膣から湧き上ってきたことが

女性が本当に心、想いを込めるところは膣、
本当に大切な人を受け容れるのも膣、
愛する人との一体感を味わうのも膣、
つまり、赤ちゃんを産むことも一体感……

ということが流れでわかったように思いました。

毎日の妊娠生活の中で、おなかの中の赤ちゃんとはすでに一体感を高めているけれど、なぜ最後に産道を通って生まれるしくみが与えられているのか。

そして、わたしが3人目を産んだときのことを思い出しました。お産のすすみ具合を診にいらした助産婦さんが、どのくらい子宮口が開いているのか教えてくださ

いました。

３人目ともなると精神的に少し余裕ができて、ふと、陣痛の合間に自分の産道がどうなっているのかを知りたくなって触れてみたのです。触れた瞬間に、今まで触れたことのないその感触に自分で驚きました。ただただ**やわらかく、マシュマロよりももっと柔らかく温かく、ひたひた、ぽったり……柿の熟したような、真綿のような**なんともいえない感触でした。

その時、自分の身体は赤ちゃんの産み方をちゃんと知っていて、いのちを安全に生み出すように身体は変化しているのだと思いました。赤ちゃんはこんなにやさしい場所を通って生まれてくる。そこにはお母さんと赤ちゃんのこれ以上ない密着感があって、赤ちゃんはお母さんに守られながら包まれながら生まれてくる。だからだいじょうぶ、ということが触れた瞬間にわかったのです。そして、自分の身体は赤ちゃんを苦しめるものではない、ということも感じられてとても嬉しかった。

きっと産道を通ることで、お母さんの祈りや励まし、覚悟など、さまざまな想いが赤ちゃんに伝わることでしょう。産道を通るとは、母子である絆の礎《いしずえ》となる、最初で最後の完璧な抱擁になるのだと思いました。

この全身に受けるマッサージで赤ちゃんは肉体的にも目覚め、整えられ、生まれてくる。母から自立する第一歩といえるのです。

その後、どのようにその赤ちゃんを抱こうと思っても、あれほど全身くまなく包み込む、祈りを込めた抱擁はないと思うほど。女性の身体はそういうすばらしい恵みを抱いています。

赤ちゃんは産道を通って生まれてくる。

このことに自然が与えた母子の絆を深める大切な何かがあるのだと感じます。

では、残念ながら、産道を通るお産を経験できなかったお母さんは、どうしたらいいのでしょう。

あくまでひとつの例として読んでいただきたいのですが、友人ではからずも帝王切開になってしまった方がいました。出産後3カ月ほど経った頃でしょうか、赤ちゃんはとても愛しいけれど、赤ちゃんとの距離感がどうしてもある、子育てにも不安があり、赤ちゃんもよく泣くということでした。

その方は自然なお産を望んで毎日努力をしていたのですが、通っていた産院が1週間の予定日超過を限界と判断し、陣痛促進剤を打たれました。それでも子宮口は開かず、2日間もクスリによる無理な陣痛に苦しんだあとで、結局は帝王切開になりました。生まれた赤ちゃんをすぐに抱くこともできず、初乳をあげることもできず、つらいお産になってしまったのです。

わたしは、

「まずは自分も赤ちゃんも裸になって仰向けに寝て、胸の上に赤ちゃんを抱いてぴたーっとくっついて、想像の中でいいから、産道を通して赤ちゃんの産み直しをしてみてほしい。そして生まれたら、その子を自分で受けとめて、そのまま胸のところに持ってきて、今、抱いているその子の重さ、温もり、息づかい、心臓の鼓動などをじーっと受けとめながら、その子との一体感を味わってほしい」

という話をお伝えしました。

するとと彼女はさっそく実践してくれて、

「涙があふれてとまりませんでした。はじめは落ち着かなかった子が胸の上でだんだん静かにじっと身をあずけてくれるようになって、その肌の温もりがとても心地よく伝わってきました。その子の身体を何度も何度もさすりながら、生きて生まれてきてくれた喜びにひたり、あらためて幸せを感じることができました。この満ち足りた時間のおかげで、今まで以上にこの子のことが愛しくなりました」

と話してくれました。

お産はどの様なお産もいのちがけです。そして、赤ちゃんはそれを知っています。自分のためにいのちをかけてくれた母の全てを全身で感じて、自らもいのちをかけて生まれてくるのです。

産道を通ることが肌と肌との触れあいであるなら、肌と肌とでしか伝わらない言葉を超えた一体感を、深い抱擁の中で味わいつくし深く感じていくことで、赤ちゃんとお母さんの心と身体は満たされていきます。

14 すぐに胸に抱く

吉村医院では、赤ちゃんは生まれてすぐにお母さんの胸に抱かれます。

一般的にはカンガルーケアと呼ばれて、助産院や一部の産院では広くおこなわれており、母子の絆を深める大事な時間とされています。

吉村先生は〝カンガルーケア〟という表現はあまり好きではありません。そんなうすっぺらなものではないと感じておられるからです。

私は生まれた子をすぐに胸に抱く意味は、とても深いものがあると感じています。

母体というものは、受胎した瞬間から、全身のエネルギーをひたすらにおなかの子に注ぎ続けます。つわりがあって食事が満足にとれなくても、赤ちゃんがしっかりと成長するようなしくみが自然から与えられています。母親から赤ちゃんに注がれる愛情は無条件なのです。

そして、やがて月日《とき》が満ちて〝**その日**〟が来たら自然に生まれます。全身を貫く大波のような陣痛があり、産道を下りてくる子を祈り心で受けとめながら、赤ちゃんと一体となって経験するお産は、この世で生きていくためのいのちの通過儀礼ともいえるものです。

その大いなる厳しい時間をともに通過して、ようやく逢えたわが子を胸に抱く瞬間というものは、深い感動に包まれながらも、

「**子はわが子でありながら、大いなる存在からあずかり受けたいのちなのだ**」

という言葉にならない感覚だ、と吉村医院でお産をした多くのお母さんが言います。その子の匂い、温もり、息づかい……五感を通して伝わってくるものから、これまでの先祖たちの営みを思い、太陽、水、空気、森羅万象……この宇宙にあるす

べてから、生きとし生けるものへ注がれる愛情と、これまで「生かされ、生きてきた」という感謝の心が自然に胸に湧いて、その感動に包まれるのです。

これはけっして大げさな表現ではありません。

一番理想的なお産は、**自然に赤ちゃんが生まれて、そのまますぐにお母さんの胸に抱かれること**です。そして、離さず一緒にいること。

病院の分娩台の上でお産を迎えた場合も、生まれた赤ちゃんをすぐに抱かせてもらうことができれば、母子の絆を深めることができます

わたし自身、お産は分娩台の上で医療介入を受けて、自然なお産だったとはいえませんが、生まれたばかりのわが子を抱かせてもらったとき、その重みや息づかいを感じ、ひたすらに感謝と感動の涙があふれ、深く幸せを感ずるひとときを過ごすことができました。

その時の感覚を思い起こしたときに、〝受諾《じゅだく》〟という言葉が心に浮かんできました。聖母マリアが馬小屋でお産をし、生まれたばかりのイエス・キリストを胸に抱いている清らかで美しい姿が思い浮かびました。その子のすべてを丸ごとそのまま受け入れる、たとえ自然なお産ができなかったとしても、その母性を瞬時に発揮できる機会が、生まれてすぐに胸に抱く行為にあると思います。

吉村先生も、こうおっしゃっています。

「生まれたばかりの子を胸に抱いて
くしゃくしゃによろこんでおるお母さんの顔はね、
本当に美しい、まるで菩薩のようですよ。
すべてを包み込んで受け入れている神々しさがあるよね。
そして、そういうお母さんの胸に抱かれた赤ちゃんは、

本当に幸せそうです。穏やかな顔をして、うっとりしとるもんね。
それがどんなに大事な時間であるか、
お母さんと赤ちゃんの表情を見とったらわかるでしょう。
こういう時間を不必要なものとしてしまっている医療従事者はね、
一度うちに来なさい！
そして、幸せそうな母子の姿をしっかりと目に焼きつけなさい！
たぶんびっくりして腰を抜かしてしまうと思うけれどね。」

生まれた子を胸に抱くときの心の安らぎは決して分かつことのない深い絆を確かめあう神聖な時間なのだということを私達は知らなければなりません。
そして誰よりも生まれた赤ちゃんこそが、母に抱かれることを心の底から求めているのです。

15 すべてのいのちを受け入れる

自然界の法則なのか、なんなのか、自然に妊娠して自然に流産する確率は、10人に1人くらいの割合であります。医学的にいえば、染色体の異常や内臓の奇形など、この世に生まれることのできない、生物学的な理由があるのだと思います。まさに神が支配しているいのちの神秘であり、厳然たる自然の摂理です。

吉村医院では、おなかの中で赤ちゃんの死亡が確認された場合、医療の力で体外に出してしまうことなく、自然に出てくるまで待つようにしています（もちろん、お母さんの意思が優先です）。

吉村医院を題材にした映画『玄牝《げんぴん》』に流産を経験したお母さんが2人出てきます。ひとりは言葉だけの登場ですが、「おなかの中で亡くなった赤ちゃんが陣痛のような痛みとともに自然に出てくるのを待ちたい」と、またひとりは、「そうなるまで待てたことが本当によかった」と語っています。「もし、医療の介入で人工的に処置してしまっていたら、もしかしたら、生きていたんじゃないか、と心のどこかで思ってしまっていたかもしれない」と。

映画を観たあるお母さんは、胎児死亡が確認されたとき、映画と同じように、おなかから自然に出てくるまで待つことを選びました。そして「畑仕事をしているときに陣痛のような体感とともに赤ちゃんが出てきて、自分の手で受けとめ、胸に抱いたとき、不謹慎かもしれないけれどとても幸せでした、心が納得して満足しました」と教えてくれました。そして、

「自然な流産は、お産と同じだと思いました。この子を生きて世に送り出すことはできなかったけれど、この子はわたしの中にたしかに生きて、天寿をまっとうして、

わたしの胸に抱かれるために生まれてきてくれたのだと思います」

と、話してくれました。

これほどまでに深く愛に満ちあふれている母という精神性、母性に、わしは言葉にならない感動を覚えます。わしら男は、とうていかなわん。

先日も、おなかの赤ちゃんの心音が消えてしまってから、5カ月も自然に出てくるのを待ったお母さんがおりました。そのお母さんの心情を思ったら、もうたまらんのです。

いのちを宿すということ、母となることの深さを感じます。

産科学だけでは語れない、深い深い世界です。

16
生きるものは生きる　死ぬものは死ぬ

現代の産科医学で帝王切開などの医療介入をすすめられるほとんどのお産は、じつは自然に産むことができるものです。

しかし、いいお産をするためには、ごろごろ、ぱくぱく、びくびくしない生活を送って、しっかりと準備をすることが大事になります。

お産は自然がおこなっているものです。自然にまかせておけば、その母子にとって一番いいお産ができるはずなのです。そこに医療が不必要な手を出すことは本当に無意味であって、自然がおこなおうとする最高のお産のじゃまをすることになりかねません。じゃまをすることで、医療にはわからない、どんな深いことが起きているかわからん、そちらのほうが怖いことだと思います。

自然にまかせるお産をすすめているわしですが、医師である以上、赤ちゃんやお母さんが死ぬようなお産があっていいとは、もちろん思ってはおりません。必要であると判断すれば、設備の整った提携病院に搬送をいたします。

産科医学とは、そのような場合にのみ発揮されるものであって、自然に生まれるお産にまでいらん手を出すためにあるものではない。そのことをはっきりと申しあげておきたいのです。

幸せなお産をするためには、お母さんもいのちをかける覚悟をもってその身に宿るいのちと向き合っていただきたい。

その覚悟があれば、はじめから簡単に医療にすべてをゆだねてしまうようなお産にはならないと思うのです。

そしてここでお話ししておきたい、大事なことがあります。

〝生きるものは生きる　死ぬものは死ぬ〟

という、**究極のいのちの哲学**です。

いのちをかけていのちと向き合う、いのちを産む性として生まれた女性に、ぜひとも知っておいていただきたいことです。

自然なお産には、神が女性に与えた母としての自然の本能（母性）の発露があります。その本能にこそ、母子の絶対の絆の礎《いしずえ》があり、自然なお産をする意味が宿る。

これは、わたしたち人間のお産は、自然界の動物と同じであり、それが本来の姿であるということです。

ですから、これは極論になりますが、自然なお産における死があるならば、それは自然という神が決めたことであるということです。

そして、どんなに小さく生まれることがあっても、生きるいのちは生き、どんなに妊娠中の経過が順調であっても、死ぬいのちは死ぬということです。

つまり、お産において死ぬということは、歳をとって自然に死ぬことと同じ自然死なのです。

これは流産にも同じことがいえます。どんなに気をつけていても、どんなに生命力が上がるような努力をしていても、流れるいのちは流れる。厳然たる自然の摂理が、そこには働いているのです。

わしは医師として、覚悟をもってこのお話をしています。

自然がいいからといって、医療という生きる可能性を無視して患者を放っておいて、死んでいいいのちがあるとは思っておりません。実際に、わしのところではお母さんが亡くなったことはありませんし、赤ちゃんが亡くなったことは、数年に1

人くらいの割合であります。

しかし、このような厳然たる自然の哲学があり、医療も最大限の努力をして、それでも助からないのならば、それは仕方がないということです。

〝**生きるものは生きる　死ぬものは死ぬ**〟のです。

これは究極のいのちの哲学なのです。

17 ありのままのあなたがいい

子を産み育てることで大切なこと。それは、胎内にいるときからの無条件の受け入れ、子のすべてをそのまま丸ごと受け入れるということです。

すべてをそのまま丸ごと受け入れる、とはおなかの子が、

「女の子がいいな」

「男の子がいいな」

というような〝条件〟をつけて受け入れるのではなく、ただひたすらに、

「そのままのあなたがいい。

あなたが生まれてきてくれること、それだけでうれしい」

ということです。

子育ては、その子の条件を愛するのではありません。

その子をそのまま受け入れ、愛していくことです。

条件をつけない。

妊娠前だったら、

「いつ、来てくれてもいいよ」

という思いでいることです。

それが、子のすべてをそのまま丸ごと受け入れる、魂を抱く性としての心の姿です。今はタイミングが悪いとかいって、親の都合を優先するのではなく、子の魂の自由性を尊ぶ心の姿勢です。

吉村医院には、「おなかの子に障害があるかどうか羊水検査を受けるべきだ」と医師や家族から強くすすめられたり、または、すでに羊水検査を受け、「障害があることがわかったから中絶するように」と言われ、泣きながら来るお母さんがいます。

「おなかの子に障害があったとしても、わたしは産みたい。わたしを母親に選んでくれたその意味を、一生をかけて知っていきたい」

そのようなお母さんが来たとき、吉村先生はこう言いました。

「あなたは真に聖母です。尊敬します。
あなたがいのちをかけるなら、わしもいのちをかける！

でもおなかの子に障害がある場合は、
とくに、お産は何が起こるかわからん。搬送になるかもしれん。
でもそれは、あなたと赤ちゃんにとっての自然なお産であり、
最高のお産になるはずだから、覚悟をもって、
ごろごろ、ぱくぱく、びくびくせんと、しっかりがんばんなさい！」

お母さんの顔がぱあっと明るくなりました。母としての覚悟を決めたその顔は、まるで菩薩のような深い慈愛をたたえています。

吉村先生の著書に何度か出てきた、講演会でも写真をお見せすることがある脳のない赤ちゃんのお話は忘れられません。

そのお母さんは、
「おなかの子は脳がない無脳児である。おそらく途中で流産するだろう、たとえ生

まれたとしても自力で呼吸ができないのですぐに亡くなってしまう」

「いや、このままだと母親のいのちの保証もない、今のうちに中絶をしたほうがいい」

と何人もの医師から言われた方でした。

そして最後の砦のように吉村医院に来られました。

お母さんはごろごろ、ぱくぱく、びくびくしない生活を送り、普通の子と同じように臨月を迎え、自然に陣痛が起こり、お産が始まりました。ゆっくりと頭から赤ちゃんが出てきたとき、やはり脳はありませんでした。それでも、その子は自分の力で生まれてきました。とてもきれいな顔をして、生まれてすぐに産声もあげたそうです。そしてお母さんの胸に抱かれ、立ち会った家族にも「かわいい、かわいい」と抱かれながら、自然に亡くなりました。

ほんの数時間のいのちだったそうです。短いいのちでしたが、その子は母親に抱かれ、家族に抱かれ、幸せな時間を過ごしたにちがいありません。立派に天寿をまっとうしたのです。

お母さんは、その子をおなかに宿しながらの月日をどのように過ごしたのでしょう。ただひたすらに、「**どんな姿でもいい、会いたい、胸に抱きたい、そして天命ならば従おう**」そのような思いで過ごされていたことと思います。

いのちのことは、わたしたちにはとうてい計り知ることはできません。

自然から授かったいのち、魂をそのまま丸ごと抱く——女という、魂を抱く性を生きる尊さを教えていただきました。

18

お父さんもつながっている

お母さんが妊娠すると、なんとなく疎外感を味わうお父さんたちがおられます。妊娠した女性は、それに合わせて体調も変化し、見た目も変化します。まして や胎動が始まると、お母さんと赤ちゃんだけの世界にいるような……お父さんにとっては、2人が別世界に行ってしまったような気さえしてきます。

妊娠には携わったけど、そのあとお父さんとは関係ないような気がしてくるのは、ある意味当然かもしれません。

でも、そうではないのです。

NASAの科学者で世界的なヒーラー、セラピストであるバーバラ・アン・ブレナンという女性がいます。彼女は、人間の身体を包む生命エネルギーや*チャクラを研究しました。

あるとき、妊娠している女性の生命エネルギーを調べたところ、母親のハートチャクラから卵子へ、父親のハートチャクラから精子へとつながっている光のコードが見えることを発見しました。卵子と精子が一緒になると、光のコードは両親の間、さらに受胎した子との間を結ぶのだそうです。つまり夫婦は「**子を通しても互いに結びついている**」ということです。その後、光のコードは、両親のすべてのチャクラと結びついていき、それは兄弟、祖父母とつながり、はるか昔の偉大な遺伝子生命の樹と結びついているというのです。


なんと精妙で壮大な世界でしょう。

このように、目に見えないけれどしっかりと結びついている事実を考えると、「赤ちゃんがお母さんの胎内で成長するのは、お母さんのエネルギーはもちろん、お父さんのエネルギーももらっているのだ」ということがわかります。

お父さんも赤ちゃんとつながっているのです。そしてお母さんだけでなく、お父さんの思いや行動も直に赤ちゃんに伝わっているということです。

妊娠は、夫婦にとって喜びをもたらすものであるけれど、同時に不安になったり、悩んだり、イライラしたりすることだってあるでしょう。そんな時もお父さんの思いやる気持ち、そして、お母さんの思いやる気持ち、それが赤ちゃんへと伝わっていき、温かいやりとりの循環が新しいいのちを豊かに成長させていくのです。

＊チャクラ…体内にあるエネルギーの出入り口。通常目に見えない。身体には主要なチャクラが七カ所ある。

19

お産は文化

お産は、その女性、お母さんが送ってきた人生そのものが反映され、その時代の特徴がはっきりとあらわれるものです。ですから、

「**お産は文化である**」

といえます。

原始時代ならば、まさに〝生きるものは生きる　死ぬものは死ぬ〟という自然の摂理百パーセントでお産がおこわれていたはずです。なんと厳しく、生命力にあふれた時代でしょう。

開国前の江戸時代ならば、日本の土着の文化が最高潮に花開いた時代です。お産も自然で、女性が主体となったお産婆さんによる産科学があったにちがいありません。西洋から入ってきた産科医学もあったでしょうが、誰もが受けられるものではなかったはずですから、一般的にはお産婆さんによって介助された自然なお産がほとんどだったでしょう。

現代ならば、帝王切開の確率が約20%、助産院などで自然に生まれる赤ちゃんは全体の出生数のわずか2%に満たないそうです。

現代のお産は、人間に残された最後の自然のいのちの営みであるにもかかわらず、医療にゆだねられ、自然の本能が発揮される機会を失ってしまっているのです。

現代という時代が抱えるさまざまないのちの問題、少子化、親子間の虐待や暴力、家族の絆が崩壊している社会現象と、お産のありようが関係しているように思えて仕方がありません。

子を授かり母となるお産は、女性にとって人生で一番幸せな体験であるはずなのに、どうして今の人たちは、その体験を軽くて楽なものにしよう、と自然が与えた幸せから遠ざかってしまうのでしょう。
「いのちが生まれるとは、そんなに軽いものではない」と今の人たちも頭ではきっとわかっているはずです。それでも、医療という魔法に「安全だ」「楽だ」と言われると、それがいいことだと思い込んでしまう。

それは、いのちの本質がわかっていないからです。

現代という時代は、そのいのちの本質を学ぶ場がないのです。生まれることも、死ぬことも、きれいごとでコントロールされて、一番肝心なところを隠してしまいます。

少し前の日本には、いのちの営みとともに生きる文化がありました。ひとつの家で人が生まれ、生き、亡くなる生活が身近にあったのです。その文化の中でわれわれのご先祖たちは、いのちを継ぐことを何よりも大切にし、さまざまな行事や儀式を通して八百万《やおよろず》の神に子孫の繁栄と加護を願いながら、いのちがけで生きてきたのです。その営み、生きる文化の果てに今のわれわれがいることを、どれほどの人たちがわかっているでしょうか。

わたしは宗教に帰依していませんが、我々を支配している大いなるものには頭を下げざるを得ません。これが本当の宗教心です。

今の人たちは、自分のことしか考えられなくなっているのではないかと危惧しております。そうでなければ、

「子はいらない」

「年老いた親の面倒をみるのは嫌」

などという、毎日ニュースになるような心理状態になることは考えられないからです。

今の社会には、本当に大切にしなければならないものが、決定的に欠落しています。そのことに気づくためには、もっと大局的に、歴史的な視点、宇宙的な観点で、今の自分たちのいのちについて、深く考えていくことが必要だと、今、とても強く思っております。

科学的にではなく、宗教的に物事を見る。いのちのこと、生まれること、生きること、死ぬこと……われわれの人生のすべては宗教的なものなのです。本当の幸せは、その宗教的観点から見出すものではないでしょうか。

わしは、産科医としての50年間と、男としての80年間の人生から、そのことを深く考えざるをえない経験をたくさんしてきました。戦争もそのひとつです。

物によって幸せを追求する時代は、確実に終わりました。

今の人たちがもっと精神的な幸せを求めていることは、世の中のさまざまな出来事や、わしのところに来る人たちの話から、はっきりとわかります。

本能を発露させる自然なお産に何かそのヒントがあるのではないかと、吉村医院を訪れる人たちがここ数年で確実に増え、映画が制作されたり、このような本をつくって、多くの人たちに知ってほしいという人たちが現れておる。かすかではありますが、希望があります。

お産を通して、どうかさまざまなことを考え、自分なりに追究し、人生における本当の幸せというものを深く深く、求めていっていただきたいと願っております。

心が震えるような人生の体験というものを重ねて、自分にとって本当に豊かな人生というものを見出していただきたいと思います。

20 全身で育てる

母乳は、お母さんの血液であるということはご存じでしょうか。

全身をめぐりめぐった赤い血潮が、おっぱいの乳腺を通る瞬間に奇跡のように乳白色に変わる……それは、おっぱいだけで赤ちゃんに母乳を与えているように見えて、じつは全身のいのちを子に注ぎ育んでいる聖なる姿といえるのです。

吉村医院を退院するときの母乳率は99％です。

はじめはなかなか母乳が出ないお母さんも、助産婦さんの指導やケアを受けてがんばっているうちに、ほとんどがちゃんと出るようになるんですね。

また、お母さんは、妊娠中にしっかりと身体を動かし、体力をつけているので、産後の母乳育児の大事な時をのりこえていく姿に頼もしさを感じています。

母乳は赤ちゃんにとって一番いいといわれています。なぜなら、母乳には赤ちゃんに必要なものが完璧に入っているからです。特に初乳は少量でも豊かな免疫物質や栄養分が含まれています。ところが、粉ミルクは牛乳が主な成分ですから、牛の子を育てるために必要なものが入っているわけです。人の子を育てるには、やはり母乳が一番自然でしょう。

免疫面、栄養面以外にも違いがあります。粉ミルクでは、始めから終わりまで、味も口あたりも変化はありません。母乳は、出始めはさらさらで最後のほうはとろっとした母乳に変化します。味も変わってきます。のどがかわいているはじめはサラサラで、最後はトロリと満足感を与えるなんて素晴しい。飲んでいる赤ちゃんの感覚的なもの、直感的なものも育つと考えても不思議はありません。

生まれたばかりの赤ちゃんは、昼間はよく寝て、夜に目覚めておっぱいを欲しがります。赤ちゃんのリズムは昼夜が逆転しているのです。

吉村医院では生まれてからずっと母子同床で母乳を与えるのですが、夜中になると赤ちゃんはしょっちゅう泣いて母乳を欲しがるわけです。そのたびにお母さんは起きて、母乳を飲ませます。赤ちゃんが寝たかな、と思って下に寝かせるとすぐに起きて、またおっぱいを欲しがる。結局、一晩中抱っこしているはめになったりもします。お母さんのほうが泣きたくなってしまうくらい……。

でも、この赤ちゃんの欲求にそのたびに応えていくことは、大変なことではありますが、とても大事なものも育てています。

赤ちゃんが求めるそのたびに応えてくれた母の行動は、**自分が絶対的に守られている**、というじつに深い心の安らぎを与えているのです。その安心感と信頼感は応えていく繰り返しの中で、ゆるぎないものとなっていきます。

「うちの子どもたちはみんなどっしりと落ち着いた感じがするよね。

母乳をあげるということは身体的な面だけでなく精神的にも大事なことだと思います。母乳をたっぷりもらって1カ月検診で来る赤ちゃんの顔を見たらね、みんな満たされた顔をしていますよ。これはすごく大事なことだよね」

吉村医院に1カ月検診で訪れる赤ちゃんを診てきた先生は、こうおっしゃいます。子育ては全身でするものだ、とあらためて考えさせられます。

お母さんが赤ちゃんを胸に抱いて母乳をあげることで、感じたり、気づくことが多々あります。たとえば、お乳の飲み方の力強い子、やさしい子、せっかちな子、のんびりしている子など、肌で感じる精妙なやりとりです。日によって体調や気分も変わりますが、その子が何を求めているかを察したり、その子とのやりとりの呼吸、身体のリズムみたいなものも、自然にわかるようになります。

つまり、**母の直感力を養う大切な機会**なのです。

また自分の身体の中から出てくるものでいのちを養うという感覚は、自分の食べたものが、身体を通して、そのまま赤ちゃんに渡っていくという実感があり、食べ物に対する感性も豊かにし、〝食〟の大切さを全身でとらえていく感覚が養われます。母乳をあげるとは、赤ちゃんの身体を育むと同時に、母の感性を豊かに育む大事な時間でもあるのですね。この蜜月の時をしっかり過ごした母と子は、吉村先生がおっしゃるように、心も身体も満たされることでしょう。

また、母乳が順調に出ている時、赤ちゃんにおっぱいをのんでもらうことは、とても気持のいいもの。リフレッシュするようないい循環を身体で感じます。でも、母乳の出が悪くなった時どうしたらいいでしょう。

そんな時はお母さんががんばりすぎていないか、自分の身体を感じながら、ふり返ってみましょう。赤ちゃんに気持ちがいきすぎて、自分のことが置き去りになっているのかもしれません。自分を大切にする時間をできる限り持って下さいね。身体を温めたり、マッサージを受けたり、できない事は人に頼んだり、自分の今を感じてあげて下さい。手を抜き力を抜くことを自分に許しましょう。

あなたが赤ちゃんに与えられる最高の贈り物は、

自分を大切にすること。

自分にやさしくすることです。

母乳を通して身体はそれも教えてくれます。

21 いつも一緒

「三つ子の魂百まで」と言われたのも遠い昔のように感じるくらい、日々、人々の意識や環境は変わっていきます。そんな中で、現代の子育て世代の人たちに伝えたいこと。それは、

親は子どもを心の真ん中で感じていき、子どもは親の心の真ん中にいることを感じて育つ。

子どもは、自分を取り巻く環境の空気感を感じて育っていきます。一番の環境が親。その親の心の真ん中に自分がいるかどうかを感じて育ちます。また、それをいろんな形で感じようとします。

それは、胎児の時から始まっています。母親の胎内で羊水の刺激や母親の心臓の鼓動や呼吸の音や声を聞きながら成長し、出産、産後の子育ての中で、お乳やおむつ交換、入浴などの絶え間ないやり取りの中で、赤ちゃんは全身でそれを感じていきます。それを通して、母親だけでなく父親との繋がりも徐々に深まっていき、子どもにとっての大きな安らぎと信頼感が育っていきます。

夫婦共働きで、子どもと離れているとき、ふと、思い出したり、気になったりすることがありませんか。そんなとき、一呼吸、子どもを胸の真ん中で感じましょう。真ん中の自分で感じてみるのです。その中で何か直感的なものを感じることもあるかもしれません。そうすることで、保育園に迎えに行ったとき、離れていた後ろめたさではなく、目の前の子どもの思いを敏感に感じ、共感で受け止め、子どもの心を包んでいくことが自然に出来るようになります。親子は光のコードで繋がっているのです。

子どもは親の心の真ん中に自分がいることを感じ、安心するのです。

22 〝その時〟に受けとめる

子育てしているみなさんにお伝えしたい、子育てのちょっとしたコツがあります。

それはとてもシンプル。

子が母を求めてきたら〝その時〟に受けとめる。

それも100パーセント意識を向けるのです。何かをして忙しいときなら一瞬でもいいですから。「ねえ、お母さん」と呼ばれたら「なあに?」と受け止める。できれば目を合わせて。「あとでね。」とはねのけずに、受けとめるのです。

母を求めるのは、陣痛と同じです。陣痛は「あとでね」とは言えないですよね。

それと同じように、子どもから欲求がきたら、〝その時〟に受けとめる。むしろ、その時に受けとめた方が、彼らの気持ちが満たされるのも早いのです。その欲求を受け逃すと、あとで改めて受けとめるのに、はるかに大きなエネルギーが必要になることがあります。今の欲求を今受けとめる。〝今ここ〟の子育てです。

特別なことはない、ありふれた日常のやり取りですが、これが、意外と大切なのです。

たとえば、母親が忙しく頑張っている時。その様子を見て、「お母さん、疲れてるな」と感じると、それに配慮して自分を抑えることがあります。子どもの個性にもよりますが、顔色をうかがうことが習慣化して、自分の本当の気持ちが表現できなくなり、表面上、いわゆる〝いい子〟になってしまうことがあります。一見、親も楽のような気がします。でもそれが続くと、その子自身が自分の欲求や本当の気持ちすらもわからなくなり、自分を軸とした人生を生きる道が遠のくこともあります。

受けとめるとは、どういうことでしょう。甘やかすこととは違います。それは、その子の気持ちを感じること、共感で包むこと。そして、ちゃんと見ること。見てもらうだけで満足してしまうこともあるくらい。見てもらうって大事なんですね。そして、お母さんの自分の気持ちを分かち合うことです。そのやり取りの大切さ。考えてみれば、子育てってやり取りの一生といっても過言ではないかもしれませんね。

幼い頃からの一つ一つの小さな受けとめと共感のやり取りが、子どもの他者への理解と信頼、そして人との関わりにおける自信を育てていきます。

この母とのたゆまない交流は、胎内にいるときから始まり、陣痛を経て、出産したのちも母乳育児で引き継がれ、その後の子育てに一貫して流れる川のようなものです。

スピリチュアルに見れば、生まれる以前から、何百年の昔から、母なる魂と子なる魂は、交流し続けてきたのだという説もあるほどで、子が母を求め、子を思う母の心は、この肉体を超えた深いものがあると考えても不思議ではないかもしれません。

子が母を通して求めるものは、ゆるぎない不変のものであって、母の魂の奥深くにある宇宙とつながる大いなる世界なのかもしれません。

女として生まれ、母となり、そのように求め続けられる存在となることの尊さを静かに感じています。

23 あなたが一番

2人目、3人目のお子さんを産んだお母さんから、上の子が生まれた赤ちゃんに嫉妬するという話を聞くことがあります。

妊娠中から上のお子さんに、生まれてくる赤ちゃんのことをどのようにお話ししてきたか、また、上のお子さんと一緒にどのようにおなかの子に語りかけてきたかなど、妊娠中のコミュニケーションのあり方も影響するでしょう。妊娠中にとくに問題がなくても、生まれたとたんに嫉妬心が出てくるお子さんもいます。

吉村医院では、お産の場に上のお子さんたちが立ち合うことがよくあります。

多くのお子さんは、お産をやや緊張した面持ちで見つめながら、息をひそめてその場にじっとしています。リラックスした時間帯なら、お母さんと話をしながら、応援している子もいます。やがて赤ちゃんが生まれると、何か感じるものがあるのでしょう、赤ちゃんを見つめながら、涙を流しているお子さんもいます。そのような時間を過ごした兄弟、姉妹は、きっといい関係が築けるのではないかと思っています。

でも何かがきっかけで嫉妬心が出て、赤ちゃんをつねったり、たたいたりといった行動が出てきてしまった場合、どうしたらいいのでしょうか。そのようなときは、お母さんが上のお子さんをしっかりと抱いて、

「**おまえが一番大事**」

と言ってあげることです。

「あなたも大事だけど、あの子も大事」ではないのです。

〝今〟という一点において、**比較ではない真実**を伝えてあげることです。

「どの子も同じように大事です！」

と真面目なお母さんほどそうおっしゃいます。

そう、どの子も大事。

でも、その感覚が１００ある愛を50、50に分けて、同じように大事というものだとしたら、子どもには真実は伝わらない。愛という目に見えないものを数値化して見る感覚だと伝わらないのです。愛は一瞬一瞬１００パーセント！

ですから、一人一人の子に、「**おまえが一番**」「**あなたが一番**」としっかり向き合って真剣に伝えることです。言葉で伝えるだけではなく、膝の上に抱いて、その子を抱きしめながら、肌感覚で伝えるのです。胸に抱かれた温もりは言葉を超えたものを伝えます。皮膚はむき出しの脳といわれるくらい。敏感に真実を受けとります。

特に、授乳するときには、まず上の子を抱いて、しっかり満たしてあげてから、下の子を授乳するのもいいでしょう。

上の子に一番大事！　そして下の子に一番大事！

上の子の心が満たされると、おのずと兄姉の自覚が芽生え、弟妹への愛が出てくるものです。

丁寧に、大切に真実を伝えましょう。

24 凜として清らかに

わしはよく講演会で、夕陽に向かって手を合わせておる百姓のおばあさんの写真を見せます。偶然出逢ったその姿に感動して、撮ったものです。

田んぼや畑が広がる風景の中で朝日や夕陽を見るのが好きで、ちょうど太陽が山の端に沈むところを見に行ったのですが、ふと振り返ったときに、畑から帰る途中だったのでしょう、百姓道具の入った乳母車を引いた腰の曲がったおばあさんが道端に立って、夕陽に向かって手を合わせておりました。

思わず持っていたカメラのシャッターを押したのは、このおばあさんの**夕陽に向かって自然と手を合わせてしまう**という心に感動したからです。そこに日本人の心をみた気がしました。

わしら日本人には、**日の出を見ても、思わず手を合わせてしまう**という心があります。そういう心で日本人はずっと暮らしてきました。

昔の生活は、今よりも自然の影響を受けていました。

「どうか今日も無事でありますように」

謙虚な心で祈りながらの生活だったにちがいありません。だから、一日の始まりである日の出、一日の終わりである夕陽に自然と手を合わせてしまうんです。

みなさんね、緑の中へ行って、自然を感じてください。日の出、夕陽をゆっくりと見てください。

人間は自然と一緒にあり、われわれは自然に生かされていることを感じてほしいものです。自然から離れてしまった世の中であるからこそ、意識してほしいのです。

みなさんは山桜という花を見たことがありますか？

毎年春が近づくと、わしは山桜を見られることがとても楽しみになります。

日本という世界でも非常に特殊な理想的な自然環境があり、すばらしい民族が育ってきたんだなぁとしみじみと感じ始めたのはずいぶん昔ですが、それをはっきりと思わせてくれたのが山桜でした。

山桜は、枝いっぱいに花が咲くソメイヨシノのように人間によって改良された桜ではなく、自然に山の中に生えて、自然に育って、やがて時期が来たら可憐な花をひっそり咲かせます。日本の女性の精神性やたたずまいと重なる清らかな美しさを感じさせる桜です。


みなさん、4月になったら山に入って、自然の山桜を見てください。そして、日本の山野にこの山桜という美しい樹木が自然に生まれて、春になったら花を咲かせている、その不思議さに思いをはせてください。

日本は、このような清らかな花が自然に咲き、育つ、そのような国であることを誇りに思うとともに、この国に女性として生まれたご自身のことも、どうか誇りに思っていただきたい。これは理屈じゃありません。感性です。

夕陽に向かって手を合わせていた百姓のおばあさんからも、天地自然に感謝を捧げながら、子や家族のために毎日働いてくらしてきた、清らかな母性を感じました。これが日本の女性の本来の姿、心です。みなさんにもそのような日本の女性として、誇り高く生きていただきたいと願っております。

25 女は包むもの

女性は「包み受ける性」であることを産道や陣痛の話とともに両親学級でお話しさせていただいています。

それは、性、妊娠、お産、子育てとあらゆる場面で発揮されるもので、包み受ける姿をしている女性器はそれを象徴しています。

「男にとって女性はね、女神のような存在なんです。

女性器なんてものすごくセクシュアルで、ものすごく気持ちがいい、

どうしようもなく美しいところですよ。

男の性欲というものをすべて受け入れる、深い深い海のような神秘的な場所ですな」

吉村先生のこの言葉は、女性がほんとうに自らの性に正直になり、女神としていのち溢れる純粋な心で、男性の性を包み受けた時の男の心を伝えてくれているように思います。

ゆるぎない安心感。
聖なる女性に奥深く深く触れた時の泣けるほどの感動。
計り知れぬ奥深さ、温かさ。
そして、いのちの根源と一つになった時のこみ上げるいのちの躍動。
何もかもが、純粋ないのちの「精」に満ちています。
まさに海そのもの。

本来、男性は女性によってエネルギーが満たされていくという性のしくみを感じていて、男は女への限りない尊敬を心に深く持っています。

「すべてを肯定して受けつくしてもらった男は、
そりゃあ満足しますよ。男としての自信をもてるしね
そういう男は、男の力を発揮して、
家族はもちろん、世のため、人のために懸命に働くものです。
だからね、男が大きな成果を出したり、何かを成し遂げるためには、
女性の力が必要なんです。
もし、それをたったひとりで成そうとする男がいたならば、
よほど強靭な精神力、志と使命感をもった男ではないですかな。
わしが好きな宮本武蔵なんて、そういう男だったと思うからね。
でも、ほとんどの男はそうは生きられんで。
女の人はそのところをわかってやってくださいね。」

昔からよく言われる「女は慎ましく」という言葉も、自分を否定した受け身という消極的なあり方ではなく、凛とした包み受ける性としての清らかな自然のたたずまいを表現しているのではないかと思います。自然な姿ほど美しく力強いものはありません。吉村先生が惹かれる山桜のように、女性は本来そういうものなのでしょう。

女性が受け止めてパートナーとの聖なる循環が生み出されるためには、女性の中にある劣等感や恐怖感、嫌悪感など、自分の中にある違和感を日々の暮らしの中で、一つ一つ気づき受けとめながら浄化していくことが大切です。

特に、生理の時や妊娠期は心も身体も開いていくし、お産やまぐあいの時は、心と身体のもっとも深い扉をひらくときなので、自分がどう感じているか、自分の本当の気持ちに気づき浄化するチャンスです。**自分を感じることは、自分を愛**

すること。自分の「本当」を思い出すことです。

自分の心を無視しないこと。本当はどうしたいか伝えること。小さな違和感も見逃さない自分への向き合いには「まぁ、いいか。」と流さない勇気も必要かもしれません。でも、それは他者への本当の向き合いとなり、お互いの愛を育み、エネルギーが循環します。そして、男性も自分の根源にある女性への真実の思いや細やかな感性を表現していくことで、互いへの愛おしさが溢れ出て一体感に導かれていくように思います。こうして、互いに心から理解しあえるまで向き合い、寄り添い、支えあいながら、夫婦の愛を完成していくのだと思います。

包み、受けつくすことが、じつは与えることであった。

そのことに女が気づくとき、世界は変わっていくのだと思います。

26

心のすき間をなくす

夫婦関係において、あらためて整えてほしい心があります。
それは、**宿るいのちに対して１００パーセント誠実であること**です。
つまりそれは、**夫やパートナーに対しても１００パーセント誠実であること**、といえます。
そんなことは当たり前、と思われるでしょうが、もし、夫やパートナーに対して、

「この人で本当によかったんだろうか……」
「やっぱりあの人と結婚すればよかった……」
「本当はほかに結婚したい人がいたのだけれど……」

と、けし粒ほども思っているならば、その心をみつめていただきたいのです。このようなお話をするのも、女性は過去を知らず知らずのうちに引きずっていて、それが夫婦やパートナーとの関係に影響しているのではないか、と思えるような相談をしばしば受けるからです。

吉村先生は男性の立場から、このようにおっしゃいます。

「男はね、想う人の過去を気にしてしまうもんです。
それは女も同じではありませんかね。
でも、過去なんて誰にだってあるでしょ。
今の人に夢中になるためには、過去を全部捨てる。すごく単純なことです。
でも、そう簡単にはいかないのが人の心というものでね。
ぐちぐちするのも運命、苦しむのも運命です。しょうがない。

でも、すすむべき方向は定めておく。捨てる努力をする。

そうやって邁進《まいしん》しているうちに、忘れていくでね」


「すべて心のままに生きよ！」


と、常日頃からおっしゃる吉村先生らしい言葉です。

深く真剣におつき合いをするほどに、心に残るのは当たり前です。

過去を捨てきれないのなら、苦しみながらも、捨てる努力を続けていくしかありません。そうやって女を深めていく。とても大切な時間です。

そして先生は、こうもおっしゃいます。


「つねに純粋に生きなさい！

次があると思うから、中途半端な気持ちで鼻を突っ込むで、

うまくいかないんです。
純粋にすべてをたたき込むだもんで、うまくいくんです。
人生にはかぎりがある。そのことを忘れずに、
覚悟をもってやらんと純粋なものは得られませんぞ」

過去がいかなるものであろうとも、そこを省みる心があれば、わたしたちは清らかな存在です。今を純粋に生きるために、過去を捨てていく。心に過去のよどみがあることに気づいたら、手放していけばいいのです。

実際に〝**物**〟を捨てるということも、想いを手放す大きな助けとなります。
ある30代の既婚女性にこの話をしたところ、昔、つき合っていた男性からもらった手紙などを入れた箱を実家にしまって置いてある、でもそれは彼への未練や執着ということではなく、やがて年老いたときに、

「ああ、こんな青春を送ったことがあったのね」

と甘い思い出として懐かしむためにとってあるのだ、と言いました。

そして数日後、彼女から連絡がありました。

「車の中で聴いていた音楽が、昔の彼との思い出の曲ばかりだったことに今日、気づきました。まったく意識していませんでしたが、運転中、とくにひとりのときはまだ彼と過ごしていたんだなぁ……と驚きました」

彼女はご主人との関係で悩みを抱えていました。

「このまま夫とともに生きていけるのか?」

と、思い悩む出来事が続き、この問題ときちんと向き合おうと意識したタイミングで、昔の彼との思い出の曲を毎日聴きながら生活していたことに気づいたのです。

夫への想いを新たにし、ともに生きていく覚悟をあらためてしよう、と自覚した

彼女がとった行動はもちろん、

「若干の未練はありましたが、全部捨てました！　やはり、行動することは大事。捨ててみたら何か気持ちが切り替わりました。15年以上も元カレとの時間が日常の中にあったなんて……。これから夫の心とわたしの心をすき間なくぴったり合わせられるように、努力していきたいと思います」

その後、ご主人との仲は格段によくなり、お互いの信頼関係が以前よりも強くなったように感じているそうです。**捨てることでできた空きスペース**にご主人がすっと入ってきたのでしょう。

ここで大切なことがもうひとつあります。それは、**捨てるときの心**です。もし、あなたの心が「捨てたくない、とっておきたい」と少しでも思っているならば、それはなぜなのか、心をみつめましょう。

そして、どのように捨てるかということも、心を映すことになるでしょう。最善の捨て方は、心が納得する捨て方をすることです。大事なものであるほどに、心を込めて手放す。過去にご縁をいただいた相手、そして〝物〟にまつわるすべてに感謝をして捨てるのです。

そうすることによって、すべては感謝の思いに包まれた過去の出来事として心と身体に刻まれ直すことになります。

心と同じように、一度に物が捨てられなくても、少しずつでもいいでしょう。心をみつめて過去を昇華しながら、宿るいのちに対して１００パーセント誠実であるための身体と心を整えていきましょう。妊娠前の女性はやがて宿るいのちのために準備をしていきましょう。

「そうやって清らかに生きようとしている女性、
自分の子を産むかもしれない女性を
いのちがけで守っていくのが男であるぞ。
この本を男が読んで、そこのところをわかってほしいのぅ」

吉村先生がおっしゃるような男性に出逢いたいものですね。

27

くしゃくしゃにしよう

吉村医院にも、不妊の相談で訪れる方がたくさんいます。そのような方たちに、わしはまずこう言います。

「あんたたちね、ここに来る前に、くしゃくしゃにやることをやっとるかね？」

ほとんどの方が驚きますが、ほとんどの方がこの言葉のとおりではないようです。

現代ほど不妊に悩む人たちが多い時代は、かつてなかったのではないかと思います。今の60代〜上の世代、第二次世界大戦前や戦中は、〝産めよ、増やせよ〟の時代で、7人、8人兄弟姉妹も珍しくありませんでした。子を望めば、多くが授かっていました。

それが今や、男女が本能にまかせてセックスすることができない、また、セックスをしてもなかなか子を授かることができない時代になっておる。うちに相談に来る方たちから、その問題の根深さを感じています。


「不妊治療についても、どう思いますか？」


ともよく聞かれます。

50年間も産科医をやっておると、いのちという自然のことは、神がやっていることと、人間にはとうていわからんことだということが、よくわかります。

わからんものが深いのであって、わからんものに頭を下げていくことが尊いのであって、いのちを授かるというのは、卵子と精子が一緒になるという目に見えることをはるかに超えた、もっと深いことです。

だから、受精卵が着床しても流れることがあるし、女性の卵管が狭いだとか、男性の精子の数が少ないだとか言われておっても、**妊娠するときにはする。**出逢いた
い卵子と精子が必死になって一緒になる。ものすごい神秘です。

男と女がたまらんくなって、くしゃくしゃにセックスすると、そこには生命力があるでしょう。そのエネルギーの中で妊娠するように神はつくった。そうやって人類は、何万年もいのちを継いできたんです。

医科学に頼ったり、基礎体温をつけたり、そんな人間の浅知恵なんてものをはるかに凌駕した世界がそこにはあって、自然の前にはとうていかなわんということを、妊娠からもお産からも、わしは教えてもらいました。

結婚して10年以上も子を授からなかった夫婦が、

「不妊治療にも疲れて、夫婦生活もできなくなった」

と相談に来たことがありました。奥さんは卵管が詰まっている、旦那さんは精子の数が少ないと病院で言われ、医科学の力をもってしてもだめかとしょんぼりしていました。

わしは、

「男は男であること、女は女であることをもっとよろこびなさい。
今まで頭でっかちにセックスしてきたんじゃないかね？
排卵日がどうとか、子ができにくい身体であるとか、関係ない！
本能にまかせて、くしゃくしゃにセックスをしなさい！
性欲は聖なるいのちの胎動であるぞ！」

そして、

「医科学によって、お金を出すことで、
自分の人生がどうにかなると思うことは人間の傲慢ですぞ。
すべて神にまかせる気持ちで、
人生はなるようになると、結果をしっかり受けとめてね。
まずは2人で仲よく生きていくこと。そのことを大事にしてください」

と言いました。その後、そのご夫婦は自然に子を授かり、とても幸せなお産をしました。そのような夫婦がこれまで何組あったことか。

わしのくしゃくしゃなアドバイスは、生き方にもつながるものです。

本能のよろこびを押し殺して、意識的に「~するべき」「~すればうまくいくはず」という、頭でっかちな生き方をよしとしてきた結果が、今の医科学至上主義の社会です。

今の人は昔にくらべれば寿命は長くなったけど、いのちはちっとも燃えていません。**やりたいことを夢中でやって、勝手気ままに生きてこそ、いのちは生命力を発揮するんです。**

いのちを授かることもそう。

いのちのことを、もっと本能のままに、そして謙虚に受けとめていきたいものですな。

28

いのちをかけていのちを継ぐ

わしが講演会で北海道へ行ったとき、サケの遡上《そじょう》を見たことがありました。自分が生まれた川を必死になってのぼるサケの身体は傷だらけです。それでも、全身をくねらせて、ものすごい音をたてて、激流の中をのぼっていきます。

「サケは裸だ……」

思わずつぶやいた言葉に、周囲の人がはっとしていました。

自分の身体がどうなろうとも、子孫を残すために全身全霊で泳ぐサケの姿には、生々しいほどの生命力がみなぎっています。やがてメスは産卵し、オスは射精をして、いのちを終えて自然に還《かえ》ります。一生の最後の大仕事、いのちを継ぐ本能の輝きが、そこにはありました。自然の生命力の力強さ、性欲の激しさ、そして本能の尊さを、あらためて教えてもらったように思いました。

わしはサケの姿に感動しました。

そこに**いのちをかけていのちを継ぐ**という、宇宙の意志をみました。

人間の性欲もこうでなくてはなりません。

性欲とは、いのちの胎動であり、この先にいのちを続けていこうとする清らかなエネルギーであると再確認しました。そしてその先には、死をも含んでいる。だから尊いんです。

その性欲を、いけないものとか、いやらしいものとしている心がほんの少しでもあれば、恥ずべきものです。

今の人たちが性欲が衰えている、子をなかなか授からないと悩んでいることは、昔の人たちからしたら考えられないことでしょう。昔の人は本能でセックスをして、自然に子を産み、子は地域の宝として大切に育てられた時代がずっと続いてきたのですから。

現代のように、少子化や不妊で悩んだり、子をもつことが経済活動や生活するうえでの手かせ、足かせのようにとらえられている時代は、かつてなかったはずです。

セックスもお産も授乳も子育ても、本来はよろこびです。

みんな、くーしゃくしゃにセックスして、ばんばんに子どもを産みなさい！

そうでなければ人類は滅びてしまいます。

サケを見習いなさい！　とわしは大声で叫んでやりたいです。

29

いにしえを想う

わしは**『万葉集』**を40歳くらいの頃から読み始めて、もう何度も繰り返し読んでまいりましたが、今でも折に触れて本を開いては、その世界に思いをはせております。

約4500首の歌が収められておりますが、**そのほとんどが恋歌です**。大胆で情熱的な歌もあれば、はっきりと恋愛を示す言葉はそこにはありませんけれども、ほのかな恋心を連想させる歌もあり、昔の日本人がどんな恋愛をしていたのか、男女が想い合うことの妙を感じさせてくれるものです。

そして、時代《とき》の天皇から貴族、下級官人や防人《さきもり》など、さまざまな身分の人たちによってそれらの歌は詠《よ》まれており、恋愛というエネルギー、男女の性のエネルギーがいかなる人にとっても大事なものであり、尊ばれていたことを想像しております。

男が女を、女が男を想う感情が言葉になり、五七五七七の韻律《いんりつ》に乗って歌になる。おそらく、五七五七七の韻律は思いを乗せやすく、感情を歌にしようとしたときに、自然にわーっと口をついて出たものではないかと思っております。それを歌を読んでいて自然に感じてしまいます。

石走り《いははし》激ち《たぎ》流るる《なが》泊瀬川《はつせがわ》
絶ゆる《た》ことなくまたも来て《き》見む《み》

紀朝臣鹿人（紀鹿人）

いかがでしょう、みなさんの心にどのように響きますか？

男らしい激しさや、せつなさのようなものを感じますかな？

意味など知らなくてもいい。声に出して、何度も何度も読むうちに、心に感じるものがあるのです。


はるか万葉の時代のわしらのご先祖が、このような恋愛をしていのちを継ぎ、今のわしらがいることを思うだけで、男女の性の清らかさ、力強さなどが伝わってくるようではありませんか。

うーん、この詠み人はなかなか悪ぅ〜い男かもしれん。わははは！

もっともっと今の人たちが万葉集を読み込んだら世の中が変わるだろうと思います。みんなもばんばんに読んでよう……たまらんくなるから。

人間のよろこびは生殖です。

本能に従った最高の男女の営みの果てに、いのちを宿し、本能に従った最高のお産をしてください！

30

女をよろこぶ

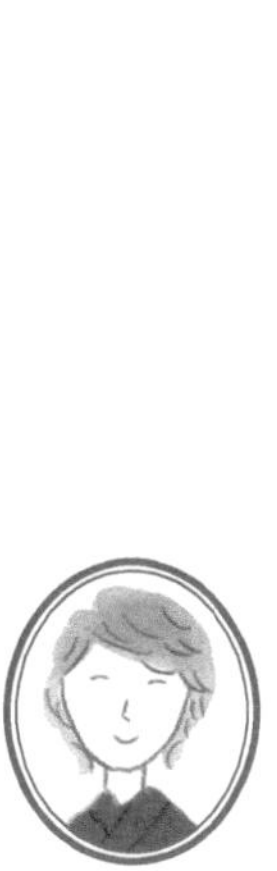

生理は毎月、妊娠のための準備をし、いのちを産む性としての女性の身体を浄化し、母となる準備を整える大切な働きであることはご存じでしょう。

生理は、聖なる循環。いのちを産む性の神秘です。母から受け継いだひとつひとつの大切な卵子を迎え入れ、聖なる出会いをじっと待つ。出会いなくば、また新たな循環が始まる……。

そして、生理は、自分の心をみつめ、浄化していく大切なときです。また、経血の状態や色などを見て、自分が食べてきたものを見直したり、いのちを継ぐ性としての身体の自覚を深めるときでもあります。

そして何より自分自身をいとおしむ時。頑張り過ぎていなかったか。身体の声を無視したり黙らせたりしていなかったか。静かに心身を労り大切にしながら、自分という自然と向きあう時だと思います。

女性の子を産む性の姿を考えれば、生理というものはまさに女性の人生の中心にあって、子を産み育てるということと同じくらいに、大切なものであることがわかります。

生理をよろこぶとは、女をよろこぶ原点。

生理をよろこんで受け入れることが、女性である自分を受け入れることにつながり、そのよろこびがおのずと身体に伝わり、やがて子を宿し、母になることへの不安や恐怖心も徐徐に払拭《ふっしょく》していくのです。

そして、子宮や女性器など、女性である肉体のすべてにありがとうを伝えてみませんか。そして更に肉体のすべてが神聖であったと思い出していくのです。私たち女性は子宮という聖なる器を体内に宿し、生まれてきているのです。

それは自分がひとつひとつ感じてあげることで身体は輝きをとり戻していきます。自分の身体を恥ずかしいとか、汚いとか、感じる心があれば、感じたものを生理とともに流していきましょう。女性の身体は浄化する力を持っているのです。

そして、生理が来る予感がしたら、心の中で感謝の思いを送ってみましょう。おなかや腰に手を当てて子宮を感じながら「**ありがとう**」と声をかけるのもいいでしょう。じっと静かに味わいながらやってみてください。そのことは、やがて胎内に宿すいのちへの思いとなり、女であるよろこびを深めることになります。

吉村医院の両親学級で女性たちにきいてみると、生理を面倒くさいな、また来るのかと思うと気が重いな、などと思ったことがある女性は少なくありません。生理があること＝女性であることをマイナスに思う心がどこかにあるのです。現代の業績主義効率優先の男性社会に生きる女性達は、生理のたびに我慢をせざるを得なかった背景があるからかもしれません。

吉村先生も、

「生理が不順だとか生理痛がひどいといって診察に来る人が多いけれども、
顔を見ると、女性であることを心からよろこんでいるように見えんのです。
むしろ、仕事が忙しいとかで、
生理が来ることが面倒だとか、来ないほうが都合がいいだとか、
そのように思ってしまったことがあるのではないか、と

そのような女性たちから感じておりました」

と、おっしゃいます。生理が重い時や辛い時にこそ「ありがとう、頑張ったんだね、気がつかなくてごめんね」と労いつつ子宮に伝えていくと、誰より子宮が喜び、自分が癒されていきます。

その他に女をよろこべないきっかけになりやすいのが、初めて生理が来たとき。お母さんから、

「おまえもこれから大変ね。毎月つらい思いをすることになるのね」

といったようなネガティブな言葉を言われたことがある人。

とか「女だけがお産の苦しみを味わうなんて損だね」

このような言葉を何の気なしに言ってしまったり、思ってしまうということは、無意識に女性である性を傷つけています。

娘さんをもつお母さんは、娘さんに生理が来たら、

「おめでとう。お母さんがあなたを産んだよろこびを、あなたも味わえるようになったんだね。生理に感謝しながら、いつかお母さんになる身体を大事にしようね」

と言って、ナプキン（できれば布ナプキンを教えてあげてほしい）をそっとあてあげてください。そして、自分の身体から出てきたものを汚いととらえるのではなく、それを大切に包んで処理することも伝えましょう。

そのことが自分のすべてを受けとめてくれたという実感となり、このときの母の手であてられた温もりや肌感覚は、けっして忘れられることなく、その子を包んでいきます。

そして娘さんは、「**お母さんが、わたしの性を大切にしてくれた**」と心に刻むことになるでしょう。

やがてそれは自身の肉体の性も大切にして、女性であること、やがて母となることをも前向きにとらえていくことにつながるはずです。

生理は、それほどに深い意味があるのです。身体で起きていることだけではない、スピリチュアルなものを含んでいるのです。

では、男の子にはどうしたら性の大切さが伝わるでしょう。

男の子を持つ母がほとんど目にする光景。お座りができるようになって自分のおちんちんに興味がわく……ひっぱったり、つまんだりしているうちに大きくなったりして。そんなときにかける言葉は、

「大事だからしまっておこうね」

まちがっても、「恥ずかしいから隠す」とか「汚いから触っちゃだめ」とは言わな

いでほしい。
母のかけた一言が子どもの記憶に残ります。
いずれ成長したときに、その汚いと言われたものが生命の根元であることを知っていくわけです。するとおのずと、性が恥ずかしい、汚いというイメージが残り、自分自身が、そして自分の性が聖なるものだと感じられなくなる。

「**大事なものだからしまっておこうね**」

自分の性が大切なものだと伝える日常のひとコマです。

31
愛を惜しまない

吉村先生は、講演会に来る女性たちに、このようなことをおっしゃいます。

「今の女の人はね、仕事をしておる人がとても多いよね。
キャリアウーマンなんて言われてよろこんどる女性も多い。
女性解放！　男女平等！
なんて騒いでおった時代からも随分時が経ちました。
自分のやりたいことを頑張るのは、とてもいいことだと思いますよ。
でもそれによって、子を産むことを後回しにするような、
そういう考えになっとってはいかんと、わしは思います。
いのちを宿すとか、子を産むとか、母になるということは、

もっと大いなる神の意思を体現しておることなんだよね。

だから、女の人は、経済自立が自己の確立だ、

なんて思っとる人が多いと思うけれども、

本当は、子を産み、育てることが女としての本質。

いのちを継ぐことが女の本質であるという、

そこに気がつかなくちゃいかんのだよ。」

吉村先生のこの言葉は、どのように皆さんの胸に響くのでしょうか。私はこの言葉を聞いたとき、これは真実だと思いました。そして、思わず自分の人生を振り返りました。

私は24歳で結婚して、すぐに子を授かりました。その子が生まれてすぐに胸に

抱いたその時、魂の底から込みあげてくるよろこびとともに浮かんだ最初の思いは、**「私の時間を全部この子にあげよう」**でした。

その後、３人の子どもたちの母になり、25年間はまさに、妻、母として生きてきました。でも、それは、自己犠牲ではなく、私のやりたいことだったのです。子育ては大変だったけれど、楽しさのほうが勝っていました。でも、それは、あの時の覚悟がそう感じさせてくれたようにも思います。

子どもがお母さんを求めてきたとき、「ちょっとならいいよ、残りは私の時間だからね」という思いで愛の出し惜しみをしていると、いつまでたっても子どもは満たされない。お母さんのほうは子どもと向き合っている時間が不満になる。愛を出すなら、出し惜しみせず全開にして愛を出すと心を決めると、子どもとの時間の密度を上げていきます。

そうやって向き合って育てているうちに、「この子たちはどんな大人になって、どのような世界を創るんだろう」と楽しみになり、それぞれの個性や興味の違いに、「子どもはこの世に出てくる時に、自分の計画書をもって生まれてくる」とさえ思えてきました。そして、彼らの成長を支えていくことが、未来を創っているのだということを実感してきたのです。女性の本質を生きる楽しさ、大変さ、深さを子育ての過程で味わいました。

やりたいことを思う存分やらせてくれて、家族の世界をともに大きく広げてくれた夫に本当に感謝です。

現代女性の人生を考えたとき、男性的価値観をベースにした教育を受けた私たちは、経済を優先した生き方をしがちになり、いつの間にかキャリアを積むことのほうを人生の中心においてしまう傾向にあるようです。

「どのタイミングで結婚しようかな」「子産み・子育てはいつ頃しようかな」と頭で考えてしまっている方も多いのではないでしょうか。

子産み・子育てを仕事やキャリアの横に置くのではなく、いのちを継ぐという女の本質を人生のど真ん中に据えて生き、自分の道を追求していく生き方が自然の中に生きるものとしての本来の姿のような気がします。多くの女性が子産み・子育てを通して、女を深めていくのは、そのように創られているということであり、お産はそのことに目覚める時。

「女性がお産を通して子を育てることは、いのちの根本です。
そのことを今の男たちは忘れています。
女性が神聖で霊的な存在だということを
知っている男がどれだけいますか」

吉村先生の言葉ですが、男たちだけでなく、女性自身が霊的で神聖なる自分の本質を忘れさせられているのかもしれません。

32

解き放たれる

今は、多種多様な生き方が選べる時代になりました。ネット社会になり、子育てしながら、昔では考えられない働き方もできるようになり、家に居ながらにして、女性の自己実現、社会貢献もしやすくなりました。

でも、そういった環境に身を置く女性はまだ少なく、賃金労働者として働く女性が多数を占めていて、二十代、三十代の男女の未婚率も上がってきているようです。

経済至上主義の現代社会に身を置くうちに、妊娠・出産より仕事を優先し、いつの間にか、女性としていのちの本質を生きることを素通りしてしまう、そんな女性たちも多いのではないでしょうか。

更に、一般社会から妊娠出産は苦しく辛いものという刷り込みをされ、女性から真実の喜びを味わう機会を奪うような道が作られているのですから、女性たちが妊娠出産に魅力を感じなくなるのは当たり前かもしれません。

女性は本当に幸せになったのでしょうか。

この流れは、１９６０年代からアメリカで始まったウーマンリブ運動に起因しているようにも思います。

それは女性に対するあらゆる差別を撤廃することを目的にする社会運動でした。

アメリカでは、夫婦でも財布は別。夫がお金を管理するという夫婦関係が主流で、女性が男性の従属物という意識があり、そこをベースに発生したともいわれています。どちらかといえば、そういった環境は日本では逆でした。夫は専業主婦である妻に財布を預けていた時代でした。それでも、それ以前からの時代精神の底流に流れていた役割の差別感を土台に、この運動は日本にも浸透し始めました。

そして、女性の労働力を社会に引き出す動きが始まり、男女共同参画社会を作るという名のもとに、国を挙げてその運動を広めてきたのです。そして、雇用における男女同権を目指した男女雇用機会均等法が１９８６年に施行されてからは、雇用のみならず、私的領域にも男女平等、フェミニズムの考え方が広がっていきました。

吉村先生は、女の真実の姿を半世紀にわたって見続けてこられました。

「男女平等によって、女性の地位が上がったのではありません。男並みに引き下げられたのです。

元々、いのちを継ぐ女性が、いのちの本質を生きているのであって、女はいのちをかけて子を産み、男はそれにいのちをかけて奉仕するのが本当である」

吉村先生の言葉は、少し衝撃的な言い回しですが、男女の本質を確信をもって言われた言葉です。西洋科学合理主義や男女平等を主張する表面的な世界に少なからず影響を受けていた私は、先生の言葉に目の覚めるような衝撃を受けました。

思えば、日本の「奥さん」という言葉や「かみさん」という言葉には、奥（いのちの奥）を取り仕切る大事な存在、神のような存在として、いのちを司る女性に対する敬意と信頼が込められていました。日本は目に見えない世界に繋がる女性を大切にしてきたのです。

現代は、合理性を優先してきました。いつの間にか決して合理化してはならないいのちの世界、心の世界をもその中に組み入れてしまったのです。いのちも心も不合理なものです。現代の社会システムの中では評価されにくいものであったわけです。その世界に深く関わる女性の役割を女性自身も劣等感の中で見ていたのかもしれません。「母なることは女性の自由を奪うものである」と恐れさえ無意識に感じてきたのです。

しかし、それはいのちを繋ぐ自然のシステムの中で見たら、まさに中枢をなすもの。母性は、自然の仕組みの中に豊かに育まれるものとして、女性の中に与えられていました。女性の身体の仕組みそのものの中に、自らを浄化し、新たな時代を築く次世代を産み育てる大いなる力を与えれていたのです。

21世紀は「女性性の時代」と言われてきました。それは「いのちの時代」「感性の時代」でもあるかと思います。女性が自分の心と身体に向き合い、自分の感性と女性の真実に目覚めていく時であり、女性のみならず男性もまたそのことに目覚めていく時代でしょう。

最近は、出産の時に、パートナーがお産に向きあうことも珍しくなくなりました。

それは、わが子が自らの力でいのちを懸けて産まれてくる時であり、それを母なる女性がいのちがけで受けとめ産みだしていくというお産の真実に触れることです。理屈ではない本当のいのち姿を体験してしまうのです。それは、今までの価値観、世界観が根こそぎ変わってしまうくらいのものになり、そういった人たちが少しづつですが増えてきています。

女性がいのちの本質を生きること、母になる喜びは、時代が変わっても不変のもの。そして、妊娠出産を通した浄化のプロセスは、未来への希望に満ち溢れています。そのいのちの本質を知る男性がそれを支え、次世代をともに育てていく喜びの世界があり、自分たちの心や身体、生活、日々の営みに真剣に向き合うことの楽しさと喜びは計り知れません。そして、役割を超えた共感と尊敬が行き交うパートナーシップを育てながら、男女ともに本当の自分を生きることを、生涯をかけて実現していく時代なのだと思います。

いのちを中心としたその生き方は、おのずと子どもたちに真実として伝わっていくでしょう。そして、さらに浄化を重ね、彼らが描き創る新たな時代に引き継がれていくと思うのです。

33

いのちをかけていのちを守る

わしは講演会で戦艦大和の最後の瞬間の写真を見せます。

なにも軍国主義者ではありませんぞ。いかなる理由があろうとも、戦争はいかんことだと思っております。ある人に戦艦大和の最後の号砲とされておる音を聴かせてもらい、涙が止まらなくなったからです。

その号砲は、国を想い、愛する家族を想い、同胞を想い、いのちをかけて出撃していった男たちの叫びのように思えました。男というものの本質を感じたんです。

男は、愛するもののためなら身体を張って死ねる性です。

男の人は戦艦大和の写真を見ると、「世のため人のために身を捨てて戦える男になろう」という想いが湧いてきて、「一番感動する人生を送るためにはどうしたらいいか」と考えることができるのではないかと思います。

最近、家の近くの矢作川《やはぎ》とそのほとりにある矢作神社へよく出かけております。「やはぎ（矢矧）」は、戦艦大和と一緒に出撃した巡洋艦の名前で、実際に矢矧の艦長と乗員が矢作神社へ正式参拝したそうです。

矢作神社へ行くと、なんともいえん気持ちになります。小さな神社ですが、天に向かって抜けるようなすがすがしい風が吹き、まったく清き心で使命をまっとうしようとする男性的なエネルギーを感じるのです。

男として何ごとかを成した人生であったのだろうか、と満々と水を湛え流れる矢作川のほとりで、さまざまに思いを巡らせております。純粋に日本人の男としての熱き思いが湧き上がってまいります。

戦争に行った男たちは純粋に、愛する家族や同胞、そして日本国を守るために出撃していったことでしょう。

戦争に関する本を何冊も読み、生き残った人たちのお話も何度かききましたが、兵士たちの多くが最期は「**お母さん**」と母を呼んで息絶えていったそうです。どうして「お父さん」じゃないのか。

わしは産婦人科医として、男として、その意味がよくわかります。

お母さんというのはそれほど特別な存在です。

戦前はほとんどが自然に産んでおりましたから、母子の絆がしっかりできておったでしょう。子どもたちは貧しくとも、本能でめちゃくちゃにかわいがられて育ったと思います。

今は女の人が、顔を塗装したり、きれいに着飾って、意識的に生きて、男に負けまいとしているでしょう。

そのような生き方が女性のよろこびであり、成長であり、真実であると思わせる風潮が、男女共同参画とか女性論者なんかがありますけれども、そういう考え方はわしはまちがいだと思っております。


女は子どもを産み、育てることが最高の幸せです。女性はいのちを産み、育てる性です。そのことを忘れないでほしいと思います。

そして、男がいのちをかけて守り、死に際に呼び慕う母のような、そういう温かい母性をもった女性として生きてほしいと思います。

Q&A

妊娠中・産褥の
ケアについて、
よくある質問に吉村先生、
吉村医院の助産婦さんが
お答えします。
基本はこの通りですが、
心配なことがあれば、
医師や助産婦にきちんと
相談してください。

Q

助産院でお産をするのと、産科医院でお産をするのとでは、どちらがいいでしょうか？

A

自然なお産を望むのであれば、医療行為がおこなえない助産院が一般的です。産科医院でも自然なお産をおこっているところがありますから、周囲の評判やそこでお産をした人の話を参考にしてください。

あとは、妊娠中の経過が順調で医学的な問題がなければ、自宅で産むという選択もあります。日常の生活環境でお産をすることも、すばらしい体験になるはずです。

ここで気をつけていただきたいのは、助産院、助産婦ならすべていいというわけではないということ。助産婦の介助によるお産でも、中には医療介入をしたがる医師のように、支配的にお産をすすめようとする助産婦もおります。もし、そのような雰囲気を助産婦から感じたら、妊娠中からよくコミュニケーションをとって、自分に合った信頼できる助産婦であるかを見極めることも大切です。その場合にも、周囲の評判や、そこでお産をした人の話をよく参考にしてくださいね。

大事なことは、お産を安心してゆだねられる助産婦や医師、環境であるかどうかです。

そして、もし万が一、妊娠中に生物学的、医学的な問題があると医師によって診断された場合は、医療設備のしっかりした病院で産む、またはそのような提携病院がある産院で産むことをおすすめいたします。医師や助産婦、家族とよく相談して、最高に幸せなお産をしてください。

＊＊＊

Q

つわりがひどくて食事をとることができません。おなかの赤ちゃんはだいじょうぶでしょうか？

A

だいじょうぶです。お母さんが食事をとることができなくても、おなかの赤ちゃんには必要なエネルギーがちゃんと注がれるようになっています。大いなる自然の配慮です。ですから、安心して、無理に食事をとらなくてもだいじょうぶです。

体力的に心配になると思いますが、体調がいいときに、少しずつでも身体を動かして、お母さんと赤ちゃんの生命力を上げる努力を続けてください。お母さんの思いはきっと赤ちゃんに伝わっていますよ。

ただし、水分がとれない場合には、点滴などの処置が必要な場合がありますので、医師に相談してください。

Q

妊娠6か月ですが、貧血が続きます。

A

妊娠、お産は神が支配しておることです。このことをよーく考えてみると、現代の産科医学のいろいろなことが「あれ?」ということになる。

たとえば、妊娠中期頃になると、ほとんどの妊婦さんが貧血になります。どんなに食事に気をつけても、生活に気をつけても、貧血は治りません。それで病院に行くと、貧血予防のクスリを出されたりします。ほとんどのみなさんは、貧血はいけないことだと思っているでしょうから、なんの疑問ももたずに「ありがとうございます」なんてお礼を言ってクスリをのんじゃう。

うちではクスリはほとんど出しませんから、妊婦さんたちは貧血のままで妊娠期間を過ごすわけです。でも、貧血が原因でお母さんや赤ちゃん、お産がおかしくなったことは一例もありません。どうしてでしょう？

それは、妊娠したら貧血になったほうがお母さんにとっても、赤ちゃんにとってもいいように神がつくったからです。

その理由、不思議さは、医者がどんなに考えてもわかりません。それをどうして無理やりクスリで治そうとするのか。治してしまうことで、医学ではわからない、何か深いことが起こっているかもしれません。わしにはそちらのほうが怖いと思います。それに、妊婦に貧血のクスリなんてものをのませるようになったのは、現代になってからでしょう。それまで何万年も、女性はそんなことを気にしないでお産をしてきたんです。

何かの持病がある場合は別です。それは、わしもだいじょうぶとは言えませんし、わかりません。

ごろごろ、ぱくぱく、びくびくしない生活をしていれば、身体は神が支配しているのですから、あとはおまかせの心境でいること。あれこれといらん知識で頭をいっぱいにして、ごちゃごちゃと悩まないことです。産む性である女性の本能を信じて、毎日明るい心で、元気に過ごしてほしいですな。

Q 妊娠5か月です。出血があったので心配です。

A

妊娠中に出血することは珍しくありません。その場合は、まず医師に診察をしてもらい、その原因をきちんと調べてもらいましょう。そして原因がわかり、出血が止まるまでは、運動は控えたほうがいいでしょう。運動を再開する場合は、出血が止まり、前置胎盤《ぜんちたいばん》や胎盤の早期剥離《はくり》、感染症などといった症状名がつくことなく、とくに問題はないという診察がおりてからがいいでしょう。

わしは何万人もの内診・診察をして、その経験をもとに判断し、指導してきました。中には少しくらいの出血があっても、運動をすすめた妊婦さんもいます。その場合は、「だいじょうぶである」と確信がもてるときです。ですから、その判断基準を言葉でお伝えすることは難しいのですが、産科の医師のみなさんには、ぜひとも経験を積んで、妊産婦さんたちに的確な指導をしていただけるようになっていただきたいと思います。

そして妊産婦さんたちは、とくに大きな問題がない場合は、自分と赤ちゃんの生命力を高めるために、無理のないところから、運動を再開していただきたいと思います。

Q 妊娠中にセックスをしてもだいじょうぶでしょうか？

A

妊娠中でもセックスをしてだいじょうぶです。そのほうが女性ホルモンが働いて体調が安定する人が多いのです。おなかが大きくなってきたら、おなかに負荷がかからないように配慮をする必要はありますが、基本的には、いつでもセックスをしてだいじょうぶです。本能に従って、セックスをしたいと思ったらしてください。お父さんとお母さんが仲よくすることは、赤ちゃんもうれしいと思いますよ。

Q

わたしは立ち合い出産を希望していますが、主人は消極的です。どうしたらいいでしょう？また、上の子がお産に立ち合うことは、いいのでしょうか？

A

ご主人がお産に立ち合いたくないという方は、よくいらっしゃいます。理由はさまざまでしょうが、そのような場合には、ご夫婦でよく話し合って、無理強いをしないほうがいいかもしれません。でも、立ち合いに消極的だった方が、いざお産が始まると、しっかりと横に寄り添って立ち合っていることは、よくあります。

お子さんが立ち合うことも、吉村医院では自由にしていただいています。むしろ立ち合ったほうが、その後の兄弟姉妹の関係がうまくいくのではないかと、考えています。無理に立ち合わせることはしないほうがいいでしょうが、いのちが生まれる瞬間を家族で迎えることは、とても大事なことです。

Q

赤ちゃんの頭が骨盤より大きいと言われ、帝王切開をすすめられました。できれば自然に産みたいのですが、どうしたらいいでしょう？

A

赤ちゃんの頭が骨盤より大きいことは、帝王切開をする理由にはなりません。赤ちゃんは頭の骨をじょうずに調整して、骨盤の形にちゃんと頭の形を合わせて自然に生まれてきます。それには何日もかかることがあります。赤ちゃんとお母さんが元気であれば、だいじょうぶです。帝王切開をすすめる医師が、自然に生まれるまで待ってくれることを祈るばかりです。

Q **乳首が痛くて、授乳がつらくてたまりません。どのようにケアしたらいいでしょう?**

A 赤ちゃんがうまく乳首を口に含めているかどうかが大切です。痛くないように乳首を含ませ、飲んでもらうことです。そのときどき、状況で対応がちがいますので、助産婦に相談してください。

Q

乳腺炎の予防方法と、なってしまったときの処置の仕方を教えてください。

A

予防方法は、おっぱいを頻繁に飲んでもらうことです。授乳の時間が空きすぎるとおっぱいが張りやすく、母乳が残り、乳腺炎になりやすくなります。授乳中の食事は牛乳、乳製品、肉類、脂っこいものを避けるようにしてください。もし、乳腺炎になってしまったときは、赤ちゃんにおっぱいを飲んでもらってください。熱が出たり、痛みがひどい場合は、助産婦に相談してください。

Q

次の子を授かりたいと考えています。断乳したほうがいいのでしょうか？

A

次の妊娠を考えての断乳はおすすめしていません。授乳中でも妊娠は可能ですし、妊娠中も授乳してだいじょうぶです。お母さんの身体、女性の身体を信じましょう。

Q

5歳の男の子ですがまだおっぱいを飲みたがります。何歳までいいのでしょうか？

A

その子が何歳であっても、おっぱいを飲みたがるのであれば飲ませてあげてください。母体に医学的な問題があるなど、よほどのことがないかぎりは、その子の欲求を満たしてあげることを一番にしてあげてください。

おわりに

人の心はつねに動き、それは生きているいのちの姿そのものであります。
お産も同じです。
一人として同じお産はなく、それぞれに幸せなお産があります。

あなたが幸せだと思うこと。
それが一番です。

何があっても、あなたなりの幸せを探しながら、毎日を真剣に生きてください。純粋な心で生きておれば、だいじょうぶです。

この本を読んで、いい母になりたい、いい女になりたいという思いがわいてきたら、**感情のままに突っ走れ！**

くしゃくしゃな人生になるかもしれんけれども、それは最高に幸せな人生ということですぞ。

わしは、産科医として、めちゃくちゃに幸せな人生を送らせてもらいました。わしの産科学は、マニュアル化された現代の産科医学を否定するようなものになりましたが、しかしそれは、自分の体験、経験を通して確立したものであって、誰かのまねをしたものではありません。自分の感情に従って、どうしたらお母さんと赤ちゃんが幸せなお産をすることができるのか、そのことを純粋に追究して現場で実践してきました。

そして、自分の良心に従った医療をおこなうことで、お母さんの幸せな顔、赤ちゃんの幸せな顔をたくさん見ることができたのです。

わしは世界一幸せな産科医だと思っております。

男として、産科医として、やるべきことはすべてやりました。

感情のままに突っ走ったくしゃくしゃな人生でしたが、心は大変満たされております。

わしにたくさんのことを教えてくれた、すべての女性、お母さん、赤ちゃん、ご縁をいただいたみなさんに、心から感謝！　ありがとう！　またね！

２０１２年４月吉日　吉村　正

＊
＊
＊

吉村先生と出逢って5年が経とうとしています。その前の4年間は代議士の秘書を務め、その前の25年間は3人の子を持つ専業主婦でした。

今から4年ほど前に国会事務所に届いた1枚のファクシミリが転機となりました。医療法第19条の改定に伴い、開業できる助産院が減ってしまう、国会に働きかけてくれないか、という訴えから、お産について国会で勉強会を開く機会を得たのです。

「お産のあり方が、その後の母子関係に影響するのではないか。果ては家庭内暴力や虐待などの社会問題にもつながるのではないか」

主婦時代からつねづね考えていたことにお産が繋がりました。

「性やお産の神秘、自然が与えたいのちの本来の姿を、誰にでもわかる方法で国会議員や役人の方たちにも伝えられる人はいないだろうか」と探し求めていたとき、吉村先生に出逢ったのです。

「この人は女性の性の神聖さを本当の意味で知っている」

そう直感した私は、吉村先生と対話をする中で、先生が長年かかって見極めてきた「女性の本質」と私がこれまでに感じてきた「女性なるもの」とが合わさり、現在は院長補佐として先生と共に全国を回り、講演会や医院の両親学級などでもお話をさせて頂いているというわけです。

私が書いたことは、精神的なお話が主ですが、娘から女、妻から母となる女性の人生のそれぞれの局面で思い出して頂ければ幸いです。

吉村先生が半世紀をかけて築きあげたいのちの聖地から、本書を母なるすべての女性に捧げます。

２０１２年４月吉日　島袋伸子

ごあいさつ

最後まで読んでくださり有難うございました。

この本を共に著してくださった吉村正先生は、二〇一七年十一月七日未明に、静かにその八十五年の生涯を閉じられました。

五十年にわたる年月を一つ一つのいのちの真実に向き合われ、昼夜を問わずお産に寄り添われた吉村先生。

体調を崩されてからの約八年は、日本の女性たちの思いに応えられ、体力が続く限り全国を歩かれ、自然なお産の真実、素晴らしさを全身で伝えられ多くの人の心を揺さぶりました。この著書は、その頃に出来たものです。

「お産の異常は文化の異常なんだよね」

そう言われた吉村先生。

目まぐるしく変わる時代の流れのなかで、私たちは、祖母から母へ、そして娘へと継承されてきた日本の伝統的な生活文化やお産の文化を徐々に手放し、いつしか産む性としての覚悟や尊厳も手放してきてしまいました。

吉村先生は、産む性としての自信を失ってしまった日本の女性たちに、自信と喜びを取り戻させ、女性の真の自立を独自の言葉と行動で促し続けた心篤き人でした。

その情熱と生きざまの、力強くも優しく温かな余韻に浸りつつ、今あらためて自然であることを求めた先生の偉大さを感じています。

吉村先生の実証された世界を知っていただき、一人でも多くの女性やその家族がお産の真実に目覚め、より豊かな人生を歩んでほしいと願っています。

ここに、生涯をかけて母子の神聖を護り続けてくださった吉村先生のご冥福をお祈りするとともに、心からの感謝を捧げます。

二〇一九年二月

島袋伸子

メ　モ

メ　モ

メ　モ

メ　モ

メ　モ

吉村 正 ｜よしむら ただし｜

1932年愛知県岡崎市生まれ。医学博士。吉村医院・お産の家院長。NPO法人「相よるいのちの会」理事長。1961年より医院の院長を務め、半世紀にわたり2万例以上のお産に携わる。薬や医療機器などにほとんど頼らない「自然なお産」を提唱。全国でおこなっている講演では、自然なお産の尊さ、女性のすばらしさを多くの女性たちに伝え、盛況を極めている。著書に『「幸せなお産」が日本を変える』（講談社＋α新書）、英訳本「Joyous Childbirth changes the world」（Seven Stories Press）『いのちのために、いのちをかけよ』（地湧社）、『お産！ このいのちの神秘』『しあわせなお産をしよう―自然出産のすすめ（DVDブック）』（ともに春秋社）など、近著に『産む力を高める　幸せな自然出産のすすめ』（家の光協会）がある。2010年には吉村医院を取材したドキュメンタリー映画『玄牝《げんぴん》』（河瀬直美監督・第58回サンセバスチャン国際映画祭「国際批評家連盟賞」受賞）が公開された。2017年11月7日逝去。85才。

島袋伸子 ｜しまぶくろ のぶこ｜

1957年東京生まれ。元吉村医院院長補佐。2008年―2014年吉村医院両親学級を担当。「相よるいのちの会」副理事長。妊娠、出産、子育てを通して女性性を追求し、お産を通した女性の性の神秘を伝える。

Online読書会・月1、2回開催「いのち深める女の集い」

LINE公式アカウント　ID→@193thebq

母になるまでに大切にしたい33のこと

2012年5月5日第1版第1刷発行
2025年6月30日　　第5刷発行

著者：吉村 正／島袋伸子

デザイン：山本めぐみ（el oso logos）
　　　　　東 水映（el oso logos）
執筆協力：立川みと
写真：島袋伸子
本文イラスト：樋口たつの
校正：大谷尚子

発行所：WAVE出版
〒136-0082 東京都江東区新木場1-18-11

info@wave-publishers.co.jp
http://www.wave-publishers.co.jp
印刷・製本：株式会社 ウイル・コーポレーション

ISBN978-4-87290-560-1　NDC599 223p 19cm